聚变·融生——集团化办学的聚核与重塑

王红林　著

吉林大学出版社

·长春·

图书在版编目（CIP）数据

聚变·融生:集团化办学的聚核与重塑 / 王红林著. --

长春:吉林大学出版社，2022.2

ISBN 978-7-5768-0152-1

Ⅰ.①聚… Ⅱ.①王… Ⅲ.①基础教育－办学模式－研究－中国 Ⅳ.① G719.2

中国版本图书馆 CIP 数据核字（2022）第 140906 号

书　　名：聚变·融生:集团化办学的聚核与重塑

JUBIAN·RONGSHENG —— JITUANHUA BANXUE DE JUHE YU CHONGSU

作　　者：王红林　著
策划编辑：朱　进
责任编辑：朱　进
责任校对：周　鑫
装帧设计：姜晓波
出版发行：吉林大学出版社
社　　址：长春市人民大街 4059 号
邮政编码：130021
发行电话：0431-89580028/29/21
网　　址：http://www.jlup.com.cn
电子邮箱：jdcbs@jlu.edu.cn
印　　刷：北京兴星伟业印刷有限公司
开　　本：787mm×1092mm　　1/16
印　　张：11.75
字　　数：200 千字
版　　次：2022 年 2 月第 1 版
印　　次：2022 年 2 月第 1 次
书　　号：ISBN 978-7-5768-0152-1
定　　价：52.00 元

序　言

高效入局　助集团化办学行稳致远

　　集团化办学作为当前缓解优质教育资源不足的创新探索，是推进基础教育均衡发展的一种实现形式，对于扩大优质教育资源供给、促进教育公平、深化基础教育体制机制改革有着重要的推动作用。

　　济南市南上山教育集团作为济南市市中区首批集团化办学成员校，将解决教育发展不平衡不充分的难题作为"治理之根"，将推进公平而有质量的教育作为"破题之道"，从时代使命和教育本源思考集团化办学的出发点，以把教育集团打造成生命共同体，服务教育大局为使命，立高处瞰，觅深处行。

　　《聚变·融生——集团化办学的聚核与重塑》一书向我们展现了南上山教育集团在集团化办学的近十年间，全体南上山教育人基于"优质均衡　共融共好　各美其美"的发展愿景所擘画的教育蓝图。本书向我们立体呈现了南上山教育集团"名校＋"的办学模式的探索轨迹，在"名校＋新建校""名校＋弱校""城区校＋乡村校"等多种办学模式中，我们看到了集团校联动共进、扩优提质，力求破解教育资源差异的本源问题的决心。

　　为了充分发挥集团领衔校的影响力，增强成员校的发展力，南上山教育集团潜心孕育集团文化，让集团文化在移植中生长，在传承中创新。在集团文化的浸润下，各校区潜心打造本校硬核文化，使各校形成了鲜明的办学理念和独特的文化标识,在不断深化文化内涵的同时,集团各分校依据地域特点和师生需求,充分晕染本校底色,突出特色培育,凸显学校特质,每个校区都迸发出各自的精彩,彰显出独特的活力,真正实现了一校一品、各美其美。

集团化办学最大的优势不外乎优质带动,资源共享,促进各校区持续发展。本书向我们毫无保留地介绍了集团在干部资源、名师资源、网络资源、设施资源各方面的合理配置和优化利用,诠释了龙头校是如何将核心思想、价值系统、管理机制、运行模式毫无保留地辐射出去,从而实现集团校高起点的内涵发展和抱团发展。

如今,随着集团化办学的不断发展,南上山教育集团办学模式不断更新,体制不断优化,机制不断升级,架构不断变革,已经呈现出优者更优、弱者趋强,集团各校区均衡发展的新局面。相信随着集团化办学样本的再探索、再磨砺,南上山教育集团将不断放大集团化效应,实现深度融合,逐步推动区域教育走在高质量发展的最前列。

目　录

第一章 聚核愿景 寻求集团化办学的价值认同

伴随着我国基础教育从解决"数量与规模"问题向"质量与内涵"问题的转换,人民群众对"上好学校"的渴望愈发强烈,集团化办学成为近年来基础教育公立学校推进教育资源优质均衡发展的重要手段。一般来说,"集团化"是指企业与企业之间基于业务拓展、市场需要或竞争扩张,通过新建、合并、运作等较为自由的方式,由单一经营向多种经营转化,以满足企业发展需要的过程。"集团化办学"创造性地运用了企业经营模式,并充分发挥其优势,实现了促使现有的教育资源在一定程度上实现最大化效应的运作模式,它通过统一的教育理念和学校文化、教学标准规范等,促进集团向着集约管理的方向发展,并不断扩大名校的品牌影响力,推进优质教育资源在一定时期、特定的区域内实现一个有效的优化配置。当前基础教育集团化办学是指在新的背景、新的教育现状下,为解决民众"上好学校难"的现实问题,为拓展新的教育市场发展机制,通过新建、合并等一系列方式建立教育联合机构的办学模式。

第一节 聚核发展愿景 对集团化办学的背景认识

一、集团化办学的国际背景

"集团化办学"的概念产生自经济学领域,主要是指在特定的时期内,教育在经济社会发展的大背景下形成的一种教育办学模式。国外对于"集团化办学"的研究起步早,研究成果和发展成就处于领先地位。在教育集团化办学方面的研究主要包括下述三方面。

(一)对教育集团产生和发展的研究

国外教育集团的产生是在"教育产业论"观点得到学界认可的情况下,受到众多企业集团成功案例的启示概括出的一种认识结果[①]。20 世纪 60 年代,美国的经济学家舒尔茨(Theodore W. Schultz)和贝克尔(Gary S. Becker)两人在研究美国 1929—1957 年间社会经济增长的情况后,创立人力资本的相关理论[②]。该理论认为物质资本和人力资本是不一样的,物质资本主要是指表现在物质产品上面的资本,而人力资本则是在人自身上面所体现出来的资本。在社会经济增长过程中,人力资本发挥的作用将远远大于物质资本所发挥的作用,并进一步提出,如果生产者个人能得到一些关于其自身的知识储备与生产技能方面的教育或者职业培训,必将会极大地促进现代社会经济的迅猛发展。其中关于教育方面最主要的结论是,与投资基础设施相比,对教育进行的投资将会获得更多更大的回报。这一理论创造性在于,它为教育产业论的发展奠定了坚实的理论基础,人们开始逐渐把教育作为一个能既能促进

---

① W.T. BOGART, B.A. CROMWEL. How Much Is a Neighborhood School Worth?[J]. Journal of Urban Economics,2010(47):271-332.

② 马永霞. 教育经济学理论基础的拓展——从人力资本理论到新制度经济学 [J]. 教育与经济,2004(2):25-28.

社会经济发展,又能不断增加社会收入以及解决个人贫困的一门重要产业来开发。

在舒尔茨人力资本理论的影响下,关于教育经济的研究在美国流行起来。美国学者休斯（Jonathan Hughes）提出教育资源共享理论,该理论总结了美国关于教育资源共享的研究,认为国家对教育的投入是有投入限度的,教育资源的发展并不需要国家无限的财政投入。在他看来,学区间合作作为避免重复建设和提高效率的重要方式之一一直很受推崇,尤其在当前资源不断减少,需求却持续膨胀的情况下更是如此。资源共享作为学区增加课程、保持学术质量和降低成本的方式,能够有效地服务于各学区,尤其是较小的学区和偏远的学区[①]为促进社区教育均衡发展,人们开始关注运用组建学校联盟的方式,推动区域间教育资源共享,这样能在保证教育质量的前提下有效降低教育成本,而且还会促进教育资源的发展和教育公平的进展。

（二）对教育集团的发展历程方面的研究

20世纪的60年代,在某些国家和地区（例如私立教育方面比较发达的地方）,以网络化和连锁化形式发展起来的规模相对较大的一些教育机构已开始向集团化发展,但这一阶段教育集团的数量不是很多,且多为仅限于单个教育系统内的私立学校连锁经营的网络。进入20世纪90年代,教育集团在各方面都获得前所未有的迅速发展,公立学校逐渐开始走上教育集团化发展的道路并取得成功的发展,同时一些资金雄厚的教育集团也开始利用资本市场进行融资,并积极主动地开发海外市场和全球市场,实现教育集团的跨国发展。例如这一时期创建的美国阿波罗教育集团、新加坡的英华美咨询控股有限公司、公校私营的美国爱迪生公司等[②]。

（三）关于教育集团形成和拓展途径的研究

国外教育集团的产生基本通过加盟式和派生式两种途径来完成资源组合。加盟式的教育集团一般是指由一个比较大的教育公司,按照并且遵循一

---

① M. ALAMPI，P. M.COMEAU. American Education Annual: Trends and Issues in the Educational Community[C]. Detroit，MI.: Gale Research，Inc.，1999:379-397.

② 董秀华. 国外教育集团发展与运行简介 [J]. 开放教育研究，2002（2）:8-12.

定的标准和原则,对教育领域内现有的某些组织和机构实行承包托管等,从而促使这些教育机构之间实现一定的相互联合和合作。已有研究表明,在国外的教育集团中利用该种途径产生和发展起来的教育集团超过总数的一半以上。加盟式教育集团的成员并不局限于学校之类的教育机构,另外还包括培训机构、电视台、出版社等与教育相关的机构[①]。如美国爱迪生公司,作为一个加盟式教育集团的典型代表,它主要是利用与美国当地的学区和学校订立管理合同的形式,以委托接受管理的名义来对合约学校进行管理。派生式教育集团主要指原先的一个教育机构或组织,在发展过程中持续派生出新的分支机构或组织并不断扩张规模,从而形成大型教育集团[②]。其中,特许经营就是大多数大型教育培训机构拓展业务的重要手段。例如创建于 1983 年的新加坡英华美咨询红谷有限公司,它在亚洲以及全球的业务扩展方式主要是特许经营和层次授权,到目前为止英华美在世界范围内的 32 个国家拥有 300多家分院(如新加坡英华美上海学院就是其中之一)和 30 多万学生[③],对各国教育资源的重构和发展具有直接的影响。

国外对集团化办学的研究主要探讨了教育集团的产生、发展及其拓展方式,认为教育本身作为一个产业,具有规模经济的所有本质特点。在规模作用下,可以最大化教育产业的边际化收益,另外也可以进一步促进学生在集团化办学中的发展和收益。集团化办学为教育发展提供很多的新想法,通过增加多种类型的教育资金和资源投入,使不同国家教育财政上捉襟见肘的状况得到缓解,为政府提供均衡优质的教育资源创设条件,在一定程度上推进教育公平进展。

二、集团化办学的国内背景

1992 年国务院颁布的《中共中央、国务院关于加快发展第三产业的决

---

① KOUSOULOU D. Changing Roles and Responsibilities[J]. Mental Health Today,2008(1): 27-28.

② FROMM JEFFEY. Education Industry Offers World of Investment Opportunity[J]. Venture Capital Journal,2011(3): 33-40.

③ 武亚娟. 基础教育集团化办学研究 [D]. 西安:陕西师范大学,2013:5.

定》中明确指出,教育的发展是对我国国民经济具有巨大影响的一个基础产业,教育的发展关系到国家的未来和前途,因此应该将其归类到第三产业。1999 年第三次全国教育工作会议上提出要把教育作为知识产业摆在优先发展的战略性地位。在现代社会经济的信息化以及知识经济大发展的背景下,教育已发展成为人力资源开发最基本的产业之一,它不仅拥有一般公共产品所具有的基本属性,而且还具有一定的产业属性,因此可按照产业发展的规律,将市场的运行机制导入教育领域,确立新的经营观念,面向市场、核算成本和追求规模效益,这也正是现代化的教育所需要的。自此,我国开始关注教育产业化理论研究和实践探索,主要集中在以下三方面。

（一）关于集团化办学理念的产生和发展研究。

从 20 世纪末开始,各地通过手拉手、名校办分校等方式,开始集团化办学的早期探索。21 世纪以来,从浙江省杭州市的名校集团化办学开始,北京、上海、江苏、广东、辽宁等多地通过集团化办学扩大优质教育资源供给,积累了宝贵的经验[①]。2012 年,教育部下发了督导评估基础教育均等化发展的相关办法,自 2013 年始通过督导评估的方式,督促各地通过积极探索,实施集团化办学、学区化管理等多种新形式,带动薄弱学校办学水平提升,以此着力提升义务教育均衡发展。2017 年 9 月,中共中央办公厅国务院办公厅印发《关于深化教育体制机制改革的意见》,明确提出改进管理模式,试行学区化管理,探索集团化办学,采取委托管理、强校带弱校、学校联盟、九年一贯制等灵活多样的办学形式[②]。由此可看出,在国家政策的逐步推动和支持下,集团化办学逐渐从区域教育行政部门推进优质教育资源均衡发展的"地方经验",上升为在全国范围内推广实施的重要举措。作为一种以契约为纽带组建的多层次大规模的组织形态,集团化办学通过以强带弱、优势互补或资源共享,促进基础教育优质均衡发展,也促进学校组织方式的创新和运行机制的变革,推动传统学校从单一封闭转向联合开放。

---

① 张爽. 教育治理现代化视阈下基础教育集团化办学的中国道路 [J]. 中国教育学刊,2020（11）：1-6.

② 杨晓莹,杨小微. 共享发展：基础教育集团化办学的路径探寻 [J]. 教育发展研究,2020（2）：34-40.

（二）关于基础教育集团化办学类型的研究

目前国内基础教育集团化办学仍处于初步探索的阶段,在实践过程中出现了类型繁多的基础教育集团,国内学者从不同的角度出发,将我国的基础教育集团划分为不同的类型。有学者根据基础教育集团不同的联结方式,将其分为以政府为纽带的基础教育集团、以名校效应为纽带的基础教育集团和以资金为纽带的基础教育集团[①]。还有学者依据基础集团内部成员校合作关系的紧密程度,将基础教育集团分为联盟式教育集团、品牌式教育集团和实体式教育集团[②]。有学者依据组织间关系和集团化程度两个维度,将国内基础教育领域集团化办学划分为八种模式,不同的集团化办学模式体现了不同的特点和情况,基础教育集团化办学应当同时注重内部合法性和外部合法性[③]。当前国内集团化办学主要呈现出"名校带新校""名校扶弱校""名校管民校""名校连子校""名校联名企"五种办学模式[④]。这五种模式都是以名校为领头,以名校为起点和中心来开展的。概括地说,集团化办学已经开展了很多有价值的探索,其实践形式丰富、样态多元,目前表现为名校办分校、手拉手学校、一体化学校、一校多址、教育联盟、教育组团、教育集团等多种形式[⑤]。

（三）关于基础教育集团化办学运行机制的研究

基础教育集团化办学的运行机制是集团化办学的重要组成部分,同时也对基础教育集团化办学的成效起到至关重要的作用。有学者在对杭州市基础教育集团化办学为案例进行研究的基础上,提出基础教育集团化办学的"三个维度"与"六个发展要素"相互促进的动态运行机制[⑥];有学者对基础教育集团化办学的运行过程进行研究,认为集团化办学的优势在于构建多种办学体制共存的运行机制,实行扁平化的集团管理体制,构建以项目为中心的

① 周培植. 实施嫁接办学区域推进教育集团化 [M]. 杭州:中国美术学院出版社,2010: 35.

② 周彬."名校集团化"办学模式初探 [J]. 教育发展研究,2015(16):84-88.

③ 张爽. 基础教育集团化办学的模式研究 [J]. 教育研究,2017(6): 87-94.

④ 孟繁华,张蕾,余勇. 试论我国基础教育集团化办学的三大模式 [J]. 教育研究,2016（10）: 40-45.

⑤ 孟繁华. 集团化办学:超越传统的学校组织形式 [J]. 中国教育学刊,2020（11）:1.

⑥ 朱向军. 名校集团化办学:基础教育均衡发展的"杭州模式" [J].教育发展研究,2010（3）: 18-23.

集团内部共享发展体制[①]。而且基础教育集团化办学有三种比较成功的运行机制：章程制、督导制和共享制，这三种运行机制实现了教育资源的最大化利用，使集团的管理更为规范化和科学化，促进了师资水平的提高和教育质量的提升[②]。当前，国内学者对基础教育集团化办学运行机制的研究逐步深入，科学的运行机制不断推进基础教育集团化办学的发展。

由上述研究可以看出，集团化办学促进了学校组织间稳定的合作关系和相互支持的生态体系的形成，在一定程度上拓展了学校边界，但集团化办学不等于创办超大规模、复杂僵化的巨型学校。集团一级与教育行政部门、学校间的关系，集团总校与成员校的关系，都需要精心考量。然而，我们还应该关注的是，教育的使命是育人，要通过合作交往实现人的生命成长和精神世界的丰盈，集团化不必然要求集权化和管理层级的增加，否则会离教育真正的目的越来越远，从单中心走向多中心乃至网络治理模型的学校命运共同体更加符合教育治理现代化的要求。

三、南上山教育集团开展集团化办学的基本历程

为落实国家关于全面推进基础教育阶段集团化办学的政策，山东省教育厅等 4 个部门印发了《关于实施强校扩优行动 建立完善基础教育协作机制的指导意见》的文件，为全省基础教育均衡优质发展提供政策依据。济南市市中区为切实解决义务教育发展城乡间、校际不均衡问题，以及新建居住区配套学校激增、局部地区优质教育资源不足问题，推进义务教育优质均衡发展，满足人民群众上好学的美好期盼，率先启动集团化办学改革，逐步推进义务教育资源深度融合和优质教育资源广域扩张。市中教育局创新办学体制和管理体制，科学整合优质教育资源，于 2013 年 4 月正式提出集团化办学的构想。五年内市中区共组建 20 个教育集团，实现集团化办学百分百全覆盖。济南市教育局、市中区委区政府大力推进，区长亲自为教育集团授牌，每年给教

---

① 俞晓东.名校集团化办学:新形势下推进教育公平的有效途径 [J].教育科学研究,2010（2）:22-24.

② 孙德芳.试析名校集团化促进义务教育均衡发展——基于杭州名校集团化的分析 [J].中国教育学刊，2011（9）:8-11.

育集团下拨专项资金,区委书记、区长多次深入学校、教体局调研集团化办学的情况。市中区教体局更是从人力、物力上全力保障集团发展,不断调整目标定位,帮助基层突破改革的瓶颈,完善人才保障机制,支持改革;加大集团资金投入,保障改革;多次进行集团化办学的论证推广,为集团各校营造新的发展空间。南上山教育集团紧跟国家教育政策的指引,立足教育集团的办学特色,扎实开拓集团办学空间、凝练集团办学聚合力,分阶段有层次地推进集团化办学的特色化建设,全力推进优质公平的学校教育教学事业的发展。

(一)深度共融,实现集团整合发展

以"共融共好、整合发展、各美其美"的办学理念找准各校区发展的定位:保持龙头学校品牌学校的引领性、示范性、生长性;保障新建校区高起点、高定位、高层次发展;保证兄弟校区按照先规范、再特色、后发展的思路稳步实施。研究的主题主要是围绕集团课题《集团化办学背景下,提升学校质量的整合路径研究》来进行。通过文化体系构建,为集团整合发展把脉;通过管理机制创新,为集团抱团发展蓄力;通过品牌特色打造,为集团特色发展定向;通过校区师资共享,为集团快速发展造血;通过质量标准建设,为集团长远发展立标等有效举措,解决集团如何深度融合,提升各校区学校质量的问题,实现 3 个校区共赢发展的局面。

(二)品质提升,汇聚集团发展能量

在济南市市中区集团化办学已进入从合力机制向动力机制转型的阶段,伴随着集团化办学的不断深化,南上山教育集团现已壮大为由南上山、泉海、泉欣、泉海学校小学部、济大附小五所学校组成的团队。南上山集团始终着力于文化建设,从开始的发展基本模式走向文化战略提升,集团文化引领也从文化共融走向个性发展。集团认为内涵发展是品质教育一以贯之的主线,通过有逻辑的文化体系定义品质,瞄准品质教育战略定位;凸显品质教育发展特质;抓住品质教育关键,为各校创造发展空间、发展环境和发展道路,彰显一校一品质。

(三)优质均衡,深化集团发展内涵

为推进南上山教育集团内部的共生发展,应进一步深化集团化办学内涵,探索集团发展内驱力,激发集团内各校内在活力,提高集团办学的生命力,进而增强学校的办学实力,强化学校的教学质量和育人品质。集团通过聚焦"研训机制创新""绿色质量与课程建设""创全国一流教育"地研究,更好地体现教育的公平与优质,实现了真正意义上的学生素养共育、教学过程共管、教育资源共享、教育责任共担的运行新机制。

第二节　理念定位　为集团整体发展把向

一、缘起　以情怀担当

为促进义务教育优质均衡发展,济南市市中区教育局创新办学体制和管理体制科学整合优质教育资源,于2013年4月正式提出集团化办学的构想。南上山教育集团应运而生,形成了以济南市南上山街小学为龙头,带动泉海小学、泉欣小学、泉海学校小学部三所新建学校,联动三所城郊学校的集团化办学格局。这是市中区教育局的重托,是教育再发展的新探索,更是教育人义不容辞的责任。我们怀抱着市中区教育局"让市中的每一个孩子在家门口享受优质教育"的大爱,确立了南上山教育集团的办学理念为"共融共好,整合发展,各美其美",积极为教育的均衡发展贡献智慧。

回溯南上山集团理念的形成,源自区域内集团化办学的举措。2013年,为探索高位均衡发展之路,济南市市中区率先吹起集团化办学的改革号角,并在区域内着力拆除学校之间的"资源墙""理念墙""思维墙",让我们看到了资源整合的效应,理念引领的动能和解放思想所带来的格局提升。南上山街小学作为首批集团化办学的龙头学校,在助力新建学校高起点建设,助推薄弱学校快速提升的实践中不断汲取市中教育的精神力量,不断坚信要实现集团化办学效益最大化,必须追求"共融共好",即敞开胸怀拥抱每一所学校,关爱每一位学生,共享每一片蓝天,共求美好。

回顾集团理念的形成,与南上山街小学"整合理念"的发展息息相关。南上山街小学正因为坚持走"价值引领,特色提升,文化整合,创新发展"之路,构建了个性化学校文化体系,走出了一条富有南上山特色的整合之路。基于整合的实践探索,南上山在带动集团发展的实践中,仍把整合作为促进集团发展的重要举措。

1. 统观客观世界,整合是普遍现象。自然界中普遍存在着许多整合现象以及人类社会中存在着的诸多领域的整合,都让我们感受到了整合存在的价值。

2. 统筹校区工作,整合是必经之路。为促进义务教育优质均衡发展,市中区教育局创新办学体制和管理体制,科学整合优质教育资源,于 2013 年 4 月正式提出集团化办学的构想。从此南上山走上了集团化办学的新征程,并积极探索集团化办学体制的新思路,寻找发展新途径,以期推动集团教育的健康、快速发展。因此,以整合的理念统筹和关注各校区的发展,是集团化办学趋势下集团发展的首要任务。

3. 均衡教育水平,整合是最佳途径。集团的成立涵盖了不同校情的五个校区。南上山教育集团推动着五所学校的共同发展。2013 年 9 月,南上山教育集团的第一所分校——济南市市中区泉海分校成立了,泉海小学在南上山总校的核心价值理念引领下,注重文化移植,质量奠基,特色创生,形成了"中国情怀,国际视野"的办学理念,并且初步确立了"国际文化认同与体验"课程思路。2013 年 4 月,践行"关注未来,奠基幸福"办学理念,倾心打造"幸福教育"文化的九曲小学又融入了南上山教育集团。2016 年位于中海国际社区的第三所分校"市中区泉欣小学"和 2017 年成立的第四所分校"泉海学校小学部"相继成立并入南上山教育集团。五个校区各有特色,整合思想、整合文化、整合资源、整合教育、整合课程等都将成为实现教育均衡的最佳途径。

4. 推进集团发展,整合是最优举措。只有打造集团内各校区的办学特色,提升办学水平,才能整体推进集团的全面发展。在校区人力、资源、条件等各方面因素的制约下,各校区的发展势必会出现不均衡的状态。因此,要整体推进集团的发展,需要整合人力、资源、物力等各方面力量,集中推进各校区工作的开展,为各校区办学特色的凸显把脉,真正实现整合理念下的全面推进。

二、理念 为行为先导

"共融共好,整合发展,各美其美"集团理念是我们深层思考的结晶,也是集团整体行为的指导。

（一）"共融共好"是我们的目标追求

集团的发展必然带来教育的融合，也必然带来各校区文化的碰撞与发展。各校区文化要有生命力必须坚持主流文化和多元文化的辩证统一，才能实现集团文化的融合，实现各个校区共赢发展的局面。

共融共好，其核心价值是共融、互通、共生、共好。

1. 理念共融，提高集团内部凝聚力。在集团校区干部教师中通过理念融合，保持一种昂扬向上、努力奋斗的精神。在集团发展战略、办学理念、价值诉求上通过理念融合，达成高度共识，形成共同愿景，凝聚共同意识，营造共谋发展的良好工作状态。

2. 管理互通，提高集团运作执行力。建立起共融共通的集团管理体系，积极探索集团化办学体制的新思路，实现计划管理互通、组织管理互通、物资管理互通、质量管理互通、人事管理互通，形成各成员校相辅相成，互促互补，共同分享发展成果的共进机制。

3. 文化共生，提高集团发展源动力。以龙头校文化为统领，构建校区特色的教育体系，打造文化共同体，彰显集团文化特色，形成各校区一脉相承，兼容并蓄的开放性文化态度，寻找发展新途径，以期推动集团教育的健康、快速发展。

4. 队伍共好，提高集团资源均衡力。师资均衡才能实现教育均衡，师资队伍融合是集团化办学发展的必要条件，因而我们把"学校人"变成"集团人"，解决教师合理流动问题，增强干部教师归属意识、大局意识、整合意识、共赢意识，让教师在更大的平台上谋求发展。

（二）"整合发展"是我们的核心思想，也是我们的发展路径

新课程改革在本质上是一种文化重建，即是文化传承与创新的结合体。学校办学理念的整合性，本身就体现了民族与世界、传统与现代的结合。基于集团化办学背景，整合是集团发展的第一步，其价值意义在于从资源整合到价值创新。因而我们必须以"整合的思维"关注教育目标的完整性，以"整合的方式"探索教育模式的综合性，以"整合的模式"研究教学过程的交互性，以"整合的思路"促进教师发展的专业性，以"整合的策略"实现教育集团的共享性。

以"整合的思维"关注教育目标的完整性。我们立足党的教育目标，结合学校教育理念,扎根传统,立足时代,对集团各校区教育目标进行建设性的思考,整合性建构。

以"整合的方式"探索教育模式的综合性。进行各校区教育资源整合,充分利用集团的、学校的、社区的、家庭的各种资源,减少浪费,提高教育质量,力求办学形式多样,整体推进。

以"整合的模式"研究教学过程的交互性。以集团为单位,优化知识结构,对知识进行精讲、精炼、分类、综合、比较、拓展的研究,促进教育现代化进程,将知识系统化、网络化、共享化。

以"整合的思路"促进教师发展的专业性。调配集团教师资源,整合集团教师帮带团队,培养教师"整合"思考,"交流"互动,"教研"开放,通过机制保障,共同体建设,实现集团内师资优势互补,专业共进。

以"整合的策略"实现教育集团的共享性。通过集团统一,动态更新,共享交换,信息对接,平台互动等策略,形成因地制宜,广开渠道,资源重组,提高效能,扩大优质资源利用率的共享机制。

(三)"各美其美"是我们的特色发展愿景

各校区办学理念的契合点是我们发展的共性,各校区特色发展的生长点则是学校的个性。各美其美,就是让各个校区既要弘扬共同的文化传统,也要展现自己的风格特色。其核心观念是实现集团化办学的多样性、丰富性、特色化、个性化。

一是呈现办学多样性。指集团文化既要融合,又要尊重文化的多样性。集团化办学的意义不是把学校同质化,而是为建设特色学校提供了有利的平台。只有保持集团文化的多样性,集团化办学才更加丰富多彩,充满生机和活力,才能孕育出集团绚丽灿烂的春色满园。

二是凸显课程丰富性。各校区在课程设置上以促进学生发展为出发点和归宿,通过调研,结合各校区现状整合校本课程的实施内容,以课程丰富孩子们的感受,各校区挖掘匠心意韵的课程之美,创造出完整统一的课程体系,让孩子们舒展,健康,美丽,高雅地生活。

三是强化文化载体的特色化。学校文化载体之美,代表着一个学校的文化底蕴。学校的每个角落都是记录学生生活轨迹的地方,都是学校教育理念的体现。所以南上山教育集团追求文化载体的体系化推进,构筑全员共建的校园文化体系,让文化有温度、有特色,表现出学校的整体风貌和价值取向,展现出文化载体的教育力量,让文化展示学校形象,提升学校文化品位。

四是彰显活动个性化。集团文化活动以核心理念为导向,紧紧围绕学校文化体系,开展丰富多彩的校园文化活动,以此建设良好的学风校风,形成特色校园文化、优良的教师文化、生动的学生文化,打造校园文明新风尚,让活动之美彰显师生精神风貌之美。

三、宗旨　让愿景聚合

（一）以发展为本

发展是硬道理。为使各成员校的发展脉搏与集团的发展同频共振,教育集团通过文化体系的构建、管理机制的推进、品牌特色的打造、集团资源的共享、集团质量标准保障体系的建设等有效举措,实现了四个校区共赢发展的局面。

（二）以融合为先

一是情感融合。增强师生对教育集团的归属感。要求集团全体成员淡化校区观念,增强集团意识;服从集团部署,增强大局意识;加强活动衔接,增强整体意识;实现资源共享,增强整合意识;维护集团名誉,增强共荣意识。

二是理念融合。以"理念融合"为前提,本着"同质办学、特色提升"的原则,形成集团共同的价值追求,通过课程构建、文化整合打造集团化办学品牌,推进集团文化的深度构建,培植各校区特色,带来集团校各美其美的发展前景。

三是活动融合。教育本身就是一种活动,我们以活动的融合促观念的融合。一是规划集团的未来,讨论集团制度,共商集团发展大计,共同描绘集团发展前景。二是培训活动共同参加,共同分享教育专家的教育智慧和教育情怀。三是共同开展师生活动,展现各校区团队风尚和精神面貌。各校区站在一种平等的、合作的、协同创新的立场,建立多元共生的格局。

（三）以质量为重

质量是集团发展的生命线。集团成立之初,做"有质量标准的教育"被确定为集团发展的永恒主题。集团建立了督查调研小组,建设质量标准保障体系,通过建立多主体共同参与的督查调研小组和评价制度,充分发挥评价的规范、导向与激励功能,通过定性评估与定量评估的整合,科学地、客观地反映各项工作的情况,并撰写调研报告,提出改进意见,有效实施质量监控管理制度,从而摸清第一手资料,以关照教育教学和教师发展全过程,为规范教师教学行为、提升教学水平、提高教育质量提供了保障,促进了集团各校整体办学质量的提升,呈现出各校区相辅相成、共同提高的可喜局面。

(四)以互动为主

推进教育公平,促进各成员单位均衡发展是我们集团内每个教师的责任和义务。一是创设舞台,让跨校区教研"动"起来。集团内各校区打通课表,突破时空局限,打通团队交流的渠道,实现数学、语文、英语主题教研对接。二是建立集团内师资在成员校之间定期交流制度,形成常规化的交流机制,使集团内师资真正达到统一规划、统一调配、统一使用。交流既要保证新校的高水平教师队伍,又要盘活各校区的师资结构,使教师队伍得到有效整合,保证集团均衡发展和持续发展。三是"盘活"校内名师资源,让骨干教师"亮"起来。集团注重培植并发挥专业骨干力量的作用,实施区域内交流、跨校授课、开放课堂,夯实各校区教师内功,让教师具有立身之本。

(五)以整合为道

整合我们的核心品质。我们力求以"整合"让目标更清晰,以"整合"使思路更宽阔,以"整合"促教育更优质,以"整合"令风格更独特。我们确立了龙头课题《集团化办学背景下,提升学校质量的整合路径研究》,此课题促进干部、教师在集团化办学背景下,进行思想整合、管理整合、课程整合、教育整合、课堂整合、资源整合、形象整合、文化整合等各方面的研究,提升实施"整合教育"的能力。通过在文化建设上注重传统与现代沟通、在特色发展上实现人文与科学并重、在学生培养上倡导规范与个性并存、在学校发展上主张继承与开拓并举等措施增加文化整合的效能。

(六)以特色为品

课程作为特色发展的主要载体,为文化的发展与创新提供了核心机制,因此我们发挥校本课程的辐射作用,聚焦特色发展的制高点。一是将课程与德育相结合,促使素质教育目标具体化。结合课程开发,我们将弘扬民族精神和培育国际意识融入德育课程中,促成了学生的全面发展。二是整合教学内容,注重汲取各学科教材中校本课程文化资源,在传统与现代的对话中生成独特的课堂文化,着力打造"对话生成课堂文化",实现国家、地方、学校课程资源的良性互补与有机衔接。三是丰富集团课程研发团队建设,结合名导师团机制,不断丰富集团课程团队,围绕核心课程,教师构建起较为成熟的个人专属课程,形成学校特色课程群。

（七）以创新为训

为促进义务教育优质均衡发展,南上山走上了集团化办学的新征程,并积极探索集团化办学体制的新思路,寻找发展新途径,以期推动集团教育的健康、快速发展。教育集团在管理运行模式上进行有效探索和调整,着力处理好行政管理与自主发展的关系;处理好规模扩张与质量保障的关系;处理好文化同构与各美其美的关系;处理好人才输出与过程发展的关系,努力建立人才共育、过程共管、成果共享、责任共担的运行新机制。我校不断摸索新途径,走出新路子,朝着均衡发展的教育理想,协力奋斗、继往开来。

四、策略 开融通途径

为形成集团共同价值追求下的各校区办学特色,在集团办学理念引领下,确立了"理念渗透,管理贯通,课程共建,活动衔接"的办学策略。

（一）理念渗透

南上山教育集团融通四所分校办学理念的契合点,寻求一校一品的生长点,顺承总校"培养承接民族传统的现代中国人"的办学理念,既融入了以民族精神奠基人生幸福、以提升现代素养关注生命未来的思想内涵,又关注办学理念清晰化、文化建设体系化、课程建设的特色化等内涵因素,直指内涵发展的核心问题。集团理念的契合点及一校一品的生长点引领集团文化的深度构建,理念渗透带来集团文化的深度构建和集团校各美其美的发展前景。

（二）管理贯通

集团的高质量发展,必须要有现代管理制度的保障,必须创新办学体制和管理体制,科学整合优质教育资源,才能实现教育集团文化体系的统一构建、管理机制的统一推进、品牌特色共同打造、集团资源的共享。一是形成集团管理机构。成立集团理事会,设立集团"一组二处三部"管理机构,借鉴项目化管理的经验,重点突破,使管理高效运作。二是加快推进集团运行机制贯通。突破管理壁垒,突出学校管理"调研、开放、互动、发展"的理念。将管理重心下移,加大各校区管理层的功能,实行流程化管理,做到联合参与、齐抓共管,形成管理规范。

(三)课程共建

实现深度融合并不意味着"千校一面",面对集团化办学带来的机遇,集团组织了课程研发中心,加强对各校区"一校一品"实施的统筹规划与引导,构筑各校区特色课程框架支撑,呈现出各校区各美其美的课程形态。集团以总校为龙头,共同架构集团"传承类""整合类""拓展类"课程体系。同时,各校区进一步明确适合自己的素质教育实施方式。南上山的传统文化课程架构,泉海小学的"尚水文化"课程体系,泉欣小学的"水清木华"课程脉络,泉海学校小学部的"动静相长"课程构建,九曲校区构建了"南风三叠,九曲行云"式课程框架。五个校区在传承、创新的基础上各有自己的特色,演绎出各校区独特的、多姿多彩的文化内涵。

(四)活动衔接

即形成"活动衔接,过程互动"。"活动衔接"指集团内各校区活动相贯穿,以提供平台,相互学习,共同进步。实施德育衔接,贯穿教育理念;教学衔接,推进优质发展;教研衔接,分享教学感悟;课程衔接,彰显办学特色;管理衔接,碰撞管理智慧。我们把集团化发展与学校的多样化活动结合起来,增强交流,携手共进,使不同的学校在教育内涵、办学特色、学校文化上呈现个性化,达到以品质带优质的目的,形成了各美其美的发展局面。

五、定位 构发展蓝图

确立发展定位,是学校品质提升的先导。作为济南市市中区首批教育集团之一,南上山教育集团成立之后,以"共融共好、整合发展、各美其美"的办学理念,研究规划了教育集团各校区的发展定位。

一是明确发展定位。保持龙头学校品牌学校的引领性、示范性、生长性;保障新建校区高起点、高定位、高层次发展;保证兄弟校区按照先规范、再特色、后发展的思路稳步实施。同时明确了集团及各校区的发展方向和发展前景。即总校——品牌学校,彰显名校之文化品牌、特色品牌、质量品牌;泉海校区——新建名校,实施文化移植,质量奠基,特色创生;泉欣小学——特色学校,坚持规范办学,凸显特色,全面提升;九曲校区、济南大学附属小学——规范学校,教育集团的发展定位,明确了南上山教育集团的发展方向,找准了各校区发展定位,拉开了集团化办学的发展序幕,让我们看到集约化发展的新前景。

二是实施分步推进。我们瞄准品质教育战略定位,从"趋同发展"走向"分层提升",即将工作重点从关注愿景共建、资源共享、活动共进、情感共融,走向对各校区发展进行战略定位和分层提升。总校全力站稳领航学校"品牌高地",引领集团改革,带动学校发展,激发教育活力。保障龙头学校在分校膨胀的情况下不伤元气。倾注主力打造泉海小学,高起点高标准建设"品质学校",形成稳定的办学风格,凸显特色文化,使其在社区教育群落担当示范重任。着力梳理泉欣小学文化体系,明晰办学愿景,聚焦内涵攻坚,打造文化特质,促使新建学校早日走向新优质学校。协力发展九年一贯制泉海学校小学部,与中学本着相互尊重、协调发展、协商办学的原则为新校起好步、开好局。力争早日形成中海国际新区优质教育生态圈。助力推进济大附小的发展,挖掘潜力,共同探索"自我改进、合作共进、项目推进"的策略和途径。总之,我们通过理顺办学思路,克服平均用力,实施分步推进,逐步壮大,带领集团校从"融合型"发展走向"定向型"发展。

第二章 变革机制 激活集团化办学的 内生力量

　　我们认为,集团化办学不能只追求形式上的"跃进",而要实现师资的深度融合,因为人是学校办学过程中最重要的因素。而教育均衡从根本上讲是实现师资均衡。如何通过集团化办学实现师资队伍深度融合、促进教师专业可持续发展? 我们在集团化办学的实践中对以下三个问题有了清晰的思考:变单向输出为双向流动;变单兵作战为联合共生;变简单派出为科学评价。近五年来,集团师资共享,教师创业奉献,近70%的教师参与了集团交流,外出培训300余人次,12名教师在全国信息技术与学科整合课评优活动中获得一、二等奖,7人获得全国、省市区教师素质大赛奖项,4名教师的课获教育部优课,11人获得省级优课,区首席教师、首席班主任8人,风格教师3人,十佳教师、十佳班主任7人,区新苗教师11人,新秀教师2人,能手教师1人,省市区教学能手30人。

　　让我们一起走进南上山教育集团教师队伍生态建设治理方略,走入集团化办学教师联合共生的培育土壤,解码集团化办学师资深度融合的路径策略,触摸集团化办学教师均衡发展的时代脉搏……

第一节　创新机制　为集团发展激发活力

一、突出建章立制，创新集团管理模式

南上山教育集团通过成立教育集团理事会，建立集团章程，明确集团领导班子分工。理事会下设"一组二处三部"实施管理，一组——督查调研小组，实施专项督查调研工作，为质量提供保障，为决策提供依据。二处——秘书处、服务处，负责日常事务性工作，协调各部门关系，负责总务后勤工作。三部——人力资源部，负责人事调配，师资培训工作；课程管理部，负责三级课程的开发、实施、管理；学生指导部，负责德育、学生活动，学生管理及发展工作。理事会还将根据集团自身发展特点，制订集团发展规划、年度工作方案，研究集团工作，协调集团发展事宜，审议理事会年度工作报告。在集团理事会的直接指导下，集团紧密联系各校实际，召开两届集团教代会。首届集团教代会认真听取了各校区关于集团办学的合理化建议，《南上山教育集团章程》《南上山教育集团教师交流工作实施意见》《南上山教育集团年度规划》等制度提交集团首届教代会讨论通过。第二届集团教代会审议并论证了各校区文化体系。这种管理模式有利于办学理念、管理制度、教育教学高度统一，有利于教育资源的共享和师资的统一调配。同时，这一运行机制改变了管理走向，促进了管理思维模式的深层次思考。

二、妥善处理关系，优化集团治理方式

处理好行政管理与自主发展的关系：集团校实行一体化、层级式管理模式，集团理事长扮演策划人、召集人和服务者的角色，为成员校"诊断""开方"，提供办学思路、协调资源和提出改革办法，但是更鼓励成员校之间采用"动车组"模式，发挥每个成员校的优势，相互取长补短，形成"和而不同"的发展模式。即集团化办学背景下，更强调集团各成员学校都有比较大的自

主权，能够做出决定、解决问题及推行有效的教育活动，更好地满足集团各自学校发展的需要。

处理好规模扩张与质量保障的关系：集团化办学要始终遵循在规模扩张的同时确保教育质量提高，保持一种良性循环的发展，避免出现总校优质资源输出后造成教育教学质量水平下降的"牛奶稀释"现象。我们注重发挥教育集团的孵化功能，达到扩大优质教育资源的目的，使各分校的文化得到优化，制度得到完善，特色得到丰富，发展空间得到拓展，集团分校的发展"源于母体、别于母体、优于母体"。

处理好文化同构与各美其美的关系：注重龙头校及成员校文化在集团内部的培植和发展，避免"千校一面"的同质化发展，分校文化不是总校文化的"翻版"，总校也不能将自己的文化移植到分校。每个学校都有自己的文化底色，在集团文化下找到自己的特色文化，在尊重成员校的文化特色的同时，着力塑造集团校的文化品牌，在办学理念、学校文化方面形成集团特色。实现集团文化与分校文化相互滋养"各美其美，美美与共"的文化生态。

处理好人才输出与过程发展的关系：借助集团化办学平台，搭建优秀管理者、优秀教师成长平台，建立"内生型"优秀教师成长模式，激发教师队伍的内生活力，培育集团优秀干部教师队伍。一是制订集团校干部配备制度，加强集团校领导班子的培养和培训。二是构建教师交流的绿色通道。让"学校人"变成"集团人"，通过"定向交流""教师走校"等不同方式进行动态调整，以最低的成本、最快的速度，让优质教育资源在整个集团流动起来。同时也要关注总校在输送自身能量的同时，如何让自身有效保持向上生长的原动力。

三、构建运行机制，推进集团宏观管理

集团积极探索、研究和创新有效管理模式，加快推进集团运行机制建设。努力建立人才共育，即集团内部长远规划，构建人才培养体系；过程共管，即增强集团各校大局意识、使命意识、责任意识，敢于担当、善于作为的意识，通过沟通协调，形成合力推进工作；成果共享，即集团总校带领每所分校准确定位，结合区域优势统筹发展特色项目，逐步形成各校区办学特色，促使集团内每所成员学校百花齐放；责任共担，即努力推进集团师资、课程、家校的深度合作，促进校区均衡、健康、快速发展，提高人民群众对教育的满意度的运行

新机制。

通过构建"四校一体,集团运行,统一管理,资源共享"的运行机制,集团管理宏观运行,集团成员学校在文化标识、育人理念、办学目标、管理模式等方面相对统一；在课程资源、教师研修、质量监控、硬件设施等方面共享优质资源,从而使集团内部各校既有统一的协调和管理,有利于将共同的教育理念渗透到课程改革、教师发展、学校管理与环境文化当中,保证同样的教育品质；同时,各校之间又相对独立,有利于发挥优势,追求各自办学特色,进而取得整体实效。

四、完善常规机制,保障集团均衡发展

在"集团化办学"的有效管理模式之下,形成了集团七项常规工作制度,为集团抱团发展蓄力。

一是实施理事会每月定期例会制度。

建立教育集团理事会,总校校长担任理事长,集团成员学校校长为副理事长。理事长每月定期召开理事会,研究统筹集团内的人、财、物,须有三分之二以上理事出席。若理事不能出席会议,可委托他人出席。如遇特殊情况,可由理事长提议、理事会讨论通过提议召开临时理事会。以"一套班子、多个校区,统一管理、资源共享,条块结合、以块为主"的运作方式,理事会实行民主集中制,讨论重大问题须按照平等协商、互惠互利的原则进行表决,实现管理互通、师资共享、研训联动、质量同进、文化共建。理事成员履行职责,秘书处认真制订理事会会议手册并认真记录会议纪要。

二是设立干部走校工作登记制度。

建立集团内成员校际的干部教师定期交流制度,及核心学校促进教师队伍有序流动的激励机制。让不同校区的干部有相互交流、学习、融合的机会与平台。干部在交流中要注重引领,在文化建设、教师专业、教学科研、教育管理以及创新发展等方面起到引领作用,或破解一个难题,或带领一个课题推进一项工作,体现解决问题针对性、学科发展前瞻性、实际操作可行性、典型引路示范性的特点,以此推动集团内各校教师队伍均衡发展。每月交流不少于一次,集团内各校间每月要互相通报交流干部走校工作的考勤、工作量等准确数据,达到全员全方位地参与集团各项工作。

三是开展各校区工作月报制度。

通过月报加强对各校区工作的管理指导，引导集团各校区注重各项工作过程的有效管理，及时掌握各校区工作的情况，汇报本月工作小结、总结各校区成功经验、存在问题、思考下月工作，提出需要集团统筹协调的问题。各校区通过专题研讨，实现教育理念融合，并对"整合教育"要义产生新的思考。

四是定期发行南上山教育集团月简报制度。

集团定期发行南上山教育集团月简报，简报主要对集团重要事件、实时讯息进行及时汇总并提供给集团各校区。简报要求图文并茂、文字简明、语言平实，能准确表达报送内容。各校区轮流主办，下发每个组室，以促进各校区对集团整体工作的了解，形成各校区"比学赶帮超"的工作局面。

五是建立督查调研制度。

选择具有较强教学能力、研究能力的教学骨干组成小组，负责策划、组织、调研、指导学科教学与建设，为集团学校提供专业支持。对集团各校课程建设方案和实施情况，教风、学风建设，教学管理及教学质量进行调查研究和监督评估并提出合理化建议；对教师的教学活动给予指导和建议，帮助青年教师进行教学改革，提高教学质量；深入课堂教学、教学研究、课题研究等环节进行现场调研并收集师生对教学工作的意见和建议。 同时，督导调研指导小组在对各校区管理、教育教学、师生发展等方面督导调研过程中形成具有建设性意义的调研报告，提出改进意见和措施，供集团理事会作决策参考。

六是跨校区教研制度。

深化集团校本教学研究，进行学科组长（调研组长）的专业领导策略主题交流活动，帮助学科组长提升素养，增强能力。深入开展跨主题教研活动，打造集团品牌学科，孕育集团品牌教师，进行备课、上课、听课和评课活动，进行优质课、研究课的交流或评比活动；做到教学研究"五统一"，即教研时间统一、教研主题统一、教学评优统一、教学调研统一、教学评价统一；在教科研工作方面，集团各校间要主动切磋教科研工作，交流教科研资料，推动集团内各校教育科研工作的规范管理和深入提高。各校区打通课表，突破时空局限，实现教研对接，实现集团各校学生学科综合素质整体提升。使南上山教育集团教学质量稳定上升，社会口碑明显提高。

七是集团教师培训及交流奖励制度。

对教师随机交流承担任务者进行登记、效果认定、奖励制度，积极发挥骨干教师的学科示范、辐射带动作用，以此加强五个校区对不同层次教师的培养，通过跨校区听课、教研、师徒帮带等形式，实现五校区研究成果共享，教师发展共赢。注重实现集团内各校更多教师教育教学中多维度的思维碰撞，促教师的反思提高。对在集团交流研讨活动中承担观摩和研讨课的教师集团予以奖励。

南上山教育集团将以"一脉主动、双翼联动"布局教育资源，通过集团化办学，实现集团内教育资源均衡化、优质化，全面提升教师队伍综合素质，提高人民群众对教育的满意度。在集团教育新形势下积极探索生源多样、师资共享、教学现代的办学模式，通过体制、机制和模式的创新，努力推进集团教育的均衡、健康、快速发展。

五、打造质量标准，提升集团办学品质

我们认为，是否有质量标准，是衡量一所学校是否先进的重要标准。因此，集团成立之初，做"有质量标准的教育"被确定为集团发展的永恒主题。

在集团化办学背景下，为突出集团优质教育、优质服务标准的导向性，集团通过建设质量标准保障体系，向学生提供符合国家质量标准的教育，并以优质标准指导集团教职工的工作与学习。集团制订了如《一堂好课的标准》《备课、作业标准》《班级常规标准》《三操标准》《学校卫生工作标准》《规范用餐标准》等制度，这些标准对于教师和学生来说，可操作、可达成、也可评价，容易形成师生的自觉追求。同时，集团通过督查调研小组，适时对质量标准的实施落实进行专项督查调研，充分发挥评价的规范、导向与激励功能，通过定性评估与定量评估的整合，科学地、客观地反映各项工作的情况，并撰写调研报告，提出改进意见，有效实施质量监控管理制度。例如，开学初，督查调研小组都对所有校区的作业备课进行调研，从而摸清第一手资料，为规范教师教学行为、提升教学水平、提高教育质量提供了保障。

但是，在质量标准建设的过程中，我们也发现：在现在教育生态的理念引领下，如何界定"规范和标准"的内涵成了我们需要认真思考的问题。在标准实施的过程中，我们也发现：同样的标准可能不适合五个不同的校区，如何

在标准的不断制订、修正和完善的过程中,提升每个校区的质量才是我们应该思考的重要课题。基于此,我们适时调整标准,让质量标准的制订更为关注各校区的基础与起点,体现"适合的才是最好的"的理念。集团还开展质量标准培训工作,使标准横贯各校区,纵贯每个师生,确保集团学校管理标准统一,连贯性强。并建立教育质量反馈矫正机制,实施评价指导,结合集团督查调研制度对质量标准落实进行督促、检查、反馈、矫正、评比、通报。

南上山教育集团一堂好课评价标准

评价指标	评价标准	分值	得分
教学目标	能根据教材提供的资源、学生的实际情况设定课堂教学目标,做到重点突出,明确具体,适度可行。	10	
教材处理	1. 正确深入地解读教材,充分挖掘教材的创新因素,注意体现整合教育理念,要有不少于两处的资源整合设计。 2. 积极利用课堂上的生成性资源,恰当安排教学内容和教学重点,教学重点的突破至少有两个层次以上的推进预设。(源于预设,不拘泥于预设,关注教材,更关注生成)。	20	
教学实施	1. 构建民主平等的师生关系,搭建对话互动的平台,课上要凸显采取的对话策略和方式,激发学生学习兴趣、启发积极思维,鼓励学生自由表达。 2. 创设语言实践机会,重视积累、感悟、运用,课上至少有一处体现"说"的训练过程,尊重学生在学习过程中的独特体验,重视情感、态度价值观的正确导向。 3. 教师的参与、指导适当,内容讲授和学法指导易被学生接受。培养学生学习的自信心和良好的学习习惯,同时注重学生心理素质的培养。80%以上的学生精力集中,学习过程投入。 4. 合理运用现代教育技术,拓宽学生学习的时空,但不能喧宾夺主。	40	
教学效果	1. 课堂气氛活跃,学生参与面广,参与度高。(不少于50%参与度) 2. 学生的思维得到发展,探究性学习能力得到提高。(无效提问不得多于3次) 3. 学生的学科素养、创新精神得到培养,课堂检测学生正确率达到85%。	20	

评价指标	评价标准	分值	得分
教师素质	1.仪表端庄大方,教态亲切自然。语音标准,语言生动、准确,逻辑严密。 2.书写规范,板书科学、美观,熟练科学地运用教学媒体辅助教学。 3.具备良好的课堂组织能力,善于应变,灵活把握课堂教学流向。 4.能将教师本身的特长结合教学内容转换成教学技艺。	10	
简评			

第二节 深度融合 集团化办学教师队伍生态建设治理方略

集团发展离不开成熟的管理机制。南上山集团突出建章立制,积极探索、研究和创新"集团化办学"的有效管理模式,加快推进集团运行机制建设,优化集团治理方式,通过创新机制为集团抱团发展蓄力。在集团化办学的背景下,我们致力于营造"共融共好"的组织文化,实现以文化的力量推动集团的发展。

一、文化引领,构建教师队伍生态建设体系

在集团化教师队伍建设的进程中,我们认为首先起决定因素的是集团的教师文化定位和文化浸润。集团教师发展之路要基于文化,受于文化,还要成于文化。在南上山教育集团"共融共好 各美其美"集团文化引领下,集团确立了"和而不同 共同发展"的集团教师发展之路。这一路径的确立反映了文化引领在集团教师发展中的突出地位。同时,我们积极构建集团"本土化"的教师生态建设治理体系,用集团文化的滋养和润泽,使各校区教师绽放属于自己的精彩。

（一）以文化重塑边界，集团化办学下教师队伍建设的组织优化

在集团化办学的发展过程中，作为集团教师生态发展建设的有机主体——集团内各成员校，存在其学校固有的文化。在各成员校固有文化的影响下，教师之间也有其固定的成长轨迹和模式，因此，集团化办学需要形成集团教师发展的共同愿景和共同目标。

而传统的学校组织结构过于死板、僵化，学校校长、干部和教师之间呈垂直管理关系，教师在自身专业发展的过程中会受到学校组织和管理结构的束缚。南上山教育集团通过以文化打破垂直边界、以文化融通水平边界、以文化浸润校际边界等路径，三管齐下，实现了集团教师专业发展的组织优化。

1. 以文化打破垂直边界

集团文化的形成与共识是一个集团向前发展的核心与动力。聚人首先就要凝聚人心，让集团教师有共同的精神追求、共同的发展愿景。在南上山教育集团办学过程中，我们坚持构建扁平化管理，让管理重心下移，实现集团意志与集团工作思路的高效落实。为此，我作为集团理事长对集团内的干部组织结构和教师组织结构重新调整，最终形成了"教师队伍建设一体化"的治理体系。一是固化集团标准、彰显集团品质：各集团校长、中层、教师不仅代表学校发声，更是代表集团发声，要树立好南上山集团干部和教师形象，无论何时何地，参与任何级别的活动，干部、教师都应以集团品牌为参照。 二是横向协同、垂直管理：集团层面的集团项目负责人直接下沉到集团中各校区的年级组、学科组、德育组，在事件紧急情况下可以对接校区的年级组长、教研组长沟通协调解决。三是领衔统筹、管理一致：集团中心校区发挥着统帅作用，集团内的各个校区又有着相应的管理自主权，这样既能发挥集团各校区的特色办学，又有着强有力的工作执行力。以此，集团各校区合力打造鲜明的集团标志、亮丽的校区特色的南上山集团教师队伍图谱，为集团化办学师资队伍的共治、久治、善治的生态建设提供保障。

2. 以文化融通水平边界

在我们南上山教育集团内部，以各部门职责划分形成的职能部门形成了一个网状的水平边界。组织结构水平边界的打破需要突破组织内部各个职能部门之间的责任、工作界限，让各部门的工作真正做到有机融合、一体化。各部门之间要彼此协调、补充、融通，形成较为完整、统一的组织管理系统。

南上山教育集团将"共融共好 各美其美"的文化理念融于集团各大校区、各级各类教育教学活动中,形成了"集团课程研发中心""集团学生发展中心""集团教师发展中心""集团总务服务中心""集团督导评价中心""集团科研管理中心"为主体的六大组织管理部门,促使集团的各中心有机地融合为一体,彼此协调、融通补充,形成南上山集团完整而统一的组织系统。

3.以文化浸润校际边界

在集团化办学运行过程中,我们通过三大机制打通校际边界,实现人才的交流与互通。一是集团互通机制,对集团内的干部安排跨校任职、轮岗,引领带动南上山总校的精神与文化,同时,通过《南上山教育集团教师交流管理机制》,促进各校教师跨校交流和学习,加快各校区教育质量的协同发展与优质均衡发展,统筹安排集团内部的教师资源;二是通过名师机制,从集团各校区的教师队伍中集中甄选优秀教师、骨干教师、风格教师进入集团名师工作坊或学习共同体组织,同时,定期组织名师团队教师外出学习培育,提升教师干部的工作积极性和主动性;三是通过评价机制,在管理创新、项目推动、活动特色、课程整合、教师发展等五个方面予以督促,以五项督导促集团教师发展,坚持集团管理标准一体化。

(二)以文化驱动发展——集团化办学下教师队伍建设的层级培养

通过抓实集团教师的分层指导培训,让老师们在课堂教学实践中做到"百花齐放"。 鼓励冒尖、鼓励创优、鼓励创新,打造集团名优教师团队。

1.面向青年教师的"成长型"指导培训重入行

集团发挥对见习教师及青年教师入行关键期的有针对性的指导作用,一是"个人发展规划"制订,帮助指导青年教师在准确分析个人优势和不足的基础上指导他们制订符合个人发展的成长规划;二是在青年教师中实行跨校"拜师制",让工作三年以下的青年教师,拜集团优秀教师为师,每个集团校级领导和中层领导分包青年教师,跟踪听课、加强帮扶、激励为主,加快青年教师的成长步伐。每学期我们有计划地安排这部分见习和青年教师上集团进行展示课,将此作为提高见习教师的教学水平和加强教学常规管理的举措之一。

2.面向骨干教师的"专题型"指导培训鼓励冒尖

本着集团化办学中"让一部分人先冒出来"的培养思路,我们选择以提高各校区青年教师课堂教学能力为突破口,加大了对年轻教师的扶持力度,注意树集团骨干教师形象，强调老师们必须形成自己的教学风格，通过集中研讨，明确导向。一是对年轻骨干教师，中层以上干部每人确定两名培优对象，并有计划有组织地安排上课，校领导每个星期都要听一节课，比较突出的老师做到每学期一节集团展示课，如：新教师集团展示课、骨干教师评优课、集团课题研讨课等，以此搭建骨干教师之间，教师与教师之间相互学习的平台。如南上山集团语文学科在集团学科负责人的带领下，进行了"三补三研"语文骨干教师教研模式，通过"项目推动式融合教研，私人定制式特色教研，专家跟进式深度教研"，实现集团语文学科团队的优质均衡发展。二是帮助集团教师提炼教学风格。鼓励有教学特色的教师将自己的教学风格进行提炼与展示，并轮流到各校区进行教师专属课程推介和汇报，引领集团的其他教师探寻适合自己的发展方式。目前，集团教师的小课题研究高招娣老师的《小古文课程》，曹青青老师的《星星"论语"课程》，赵煦老师的《"成语"课程》，魏婷婷老师的《笠翁对韵》等数十名老师的课程参与集团内的宣讲与汇报，集团形成了教师专属课程圈。

3.面向集团教师的"山泉杯"，共研课堂，团队共进

"山泉杯"共研一堂课活动需要团结协作，集团各校全员参与。"山泉杯"在南上山总校"南风杯"整合研究理念的引领下，泉海小学延伸为以"1+X拓展阅读"的"尚水杯"，泉欣小学延伸为以"体验式学习"为主的"欣研杯"，泉海学校小学部延伸为以"一课一主张"为主的"静远杯"，在各校区学科教学负责人的带领下，紧扣市中区"减负提质"与"深度学习"理念，教师要吃透教材，分工撰写教案学案，以学习小组讨论定稿，每个人进行说课、主讲、自评；从研、说、磨、评中推敲完善出案例。每个学校区各推出一节研究课进行集团观摩，并邀请市、区教研员参与研讨活动。此活动的开展不仅促进了集团骨干教师之间团结协作的精神，有利于各校区教师之间的优势互补，同时，也促进了集团校际教研文化的共享与融通，是一种实实在在的集团教研，集团各层级教师的教学智慧都得到了充分发挥，为集团教师专业成长与发展积累了共融共好的发展文化与专业力量。

（三）以文化导向跨越：集团化办学下教师专业发展的内生式驱动

在教师发展中，集团要确立合作式领导理念，只有通过教师之间的合作，才能更好地实现工作目标。此外，要创设集团教师发展的共同愿景，我们集团

正是在这一理论指导下使学校实现由刚性管理到柔性管理的转变,教师的管理由行政的管理走向共同体的愿景共建。我们采取了"趋同化共进、特色化成长"的实施策略,不断完善教师学习共同体的组织建设,促使学校教师在管理体系改革的驱动下,基于愿景进行聚合,基于目标进行共进,基于研究获得同步成长。

1. 趋同化共进

在北美洲有这样一片红杉林,那片红杉林在广袤的原野上闪耀着夺目的光彩。无论怎样的狂风劲雨也无法把它们吹倒,这片红杉始终挺拔地屹立于大地之上。当科学工作者走近时才发现,原来这片红杉林的每一棵树的根在地底下都是根根相连,而且在地下形成一张巨大的根网,这样才让我们看到了他们的手牵手、肩并肩屹立于大地上的图景。无独有偶,南上山教育集团教师发展的内驱力就来自于像红杉林这样"抱团发展"的教师团队文化。

在南上山教育集团发展过程中,既注重传承南上山总校历史发展中的教师优秀文化基因,又注重对各校区教育资源的挖掘,以"同频+"为集团的教育理念,形成了"和而不同、抱团发展"的团队共建文化,从而推动集团管理机制、教育资源的共建共享,让优质的教育资源在均衡发展中得到延展与提升,让集团教育的优质均衡达成"共融共好 各美其美"的集团发展目标。此外,基于集团建设理念,南上山教育集团对"教师队伍生态建设"的教师文化主体内容进行丰富,让"教师队伍生态建设"成为集团发展的核心战略。在"教师队伍生态建设"的号召下,我们集团更深刻地意识到教师的发展要贴近教师的自我需求,让教师在成长的过程中不断形成职业幸福感和职业自豪感,从而达成集团教师队伍建设的共同目标。

2. 特色化成长

事实上,不同的教师专业经验阅历、不同领域的教师专业素养才是教师共同体成长的根基。南上山教育集团将"特色化成长"的教师队伍发展策略充分运用于教师学习共同体的建设中,致力于提高教师共同体的组织结构,基于愿景进行聚合,基于目标进行共进,基于研究获得同步成长。这种方式在今天这样一个强调"基于教师个人发展需求"的前沿教师发展理论下,教师之间的"个性需求、差异互补"更有其长远的发展意义。

南上山教育集团以教师通识基本功培训为教师积淀专业基础,以专长培训满足教师个体发展,以专题化培训提升教师理论水平,以导师团制培训提升教师的教育情怀。我们南上山教育集团采用"5C"教师培训课程体系,教师培训课程呈系统、梯度模式,具体如下:一是全体教师的科研课程培训,我们集团与济南大学合作,为全体教师提供师科研课程培训,没有学科界限,教师自主选择,在专业导师的带领下进行课题研究式学习,如开展了《如何进行课题撰写》《教师专属课程培训》《教学成果培训》等多次培训。二是骨干教师的"精研"课程,集团与齐鲁师范大学李红婷教授合作,与全国特级教师江洪春老师合作,与全国高效阅读专家高洪波教授合作,为全体骨干教师提供课堂、课程等多种高端培训,在培训中形成"专家引领 聚力发展"的良性土壤。三是青年教师的职初课程,"通识性基本功"和"专业性基本功"。在紧抓通识性基本功培训基础上,尤其大大加强专业性基本功培训,以落实学科专业素养的精与专。专业引领:邀请名师、优师走近校园,走进教师队伍中,传授先进理念、技巧;针对问题进行答疑解惑。微格训练:以点到面,将各项基本功进行逐项强化训练,合格后综合运用于教学中进行展评。自我精进:依托于各类教育教学资源,自行学习,自我提升,立足本职岗位,练有用之功。多元评价:展赛结合,过程性、终结性评价结合,自评他评相结合,以评代促,促进教师专业发展。四是教师德育研讨课程,以"班主任工作研究会""教师微论坛"为载体,开办以"班级文化创建""班主任工作技能"为主题的德育论坛等。

总之,在集团浓厚的文化氛围感召下,在教师精神的逐步形成发展中,集团各校区涌现出了一大批专业素质过硬的优秀教师,让我们欣慰不已。如何才能引导这些教师更好地发展、如何才能激起更多教师的专业化发展愿望呢?学校结合市中教育"各类教育协调发展、不同学校差异发展、一校一品、各美其美"的办学格局也在全集团创新了教师的评价方式:各美其美,一师一品。每位教师都找到自己优势、同时对自己的发展充满信心,这样一支教师队伍怎能不迅速地发展呢?有了"各美其美"的发展愿景,"和而不同 抱团发展"的教师精神,我们更有信心打造一支勤奋学习的团队,一支凝心聚力的团队,一支求真务实的团队,一支勇于创新的团队,一支高质量的集团教师队伍。

二、共同体建设，集团教师协同发展运行路径探索

在集团化办学背景下，在集团"共融共好　各美其美"的文化溯源中，集团教师团队建设高位的追求、理性的探索与鲜活的风貌逐渐熠熠生辉。

对于集团化办学，我们没有可以完全照搬的模式路径。但集团化办学的诞生，尤其对教师队伍建设提出了新的课题，带来了严峻的挑战。骨干教师分流，学校教师队伍的力量会被稀释吗？名校建新校，名校扶弱校，集团化办学是各项资源要配置重组，南上山名校的"金字招牌"还能熠熠生辉吗？

在"摸着石头过河"的集团化办学过程中，我们采取"建构集团教师学习共同体"策略，以学科组团、由名师领衔、用核心带动、求共同发展，在集团化办学背景下流动的教师群体中，形成了稳定的专业发展力量。引领着各层级教师实现集团"目标一致、前后呼应、强势超达"的教师专业发展目标。

（一）集团教师学习共同体的组织要素

1. 要素模块

集团化办学之后，优质的资源短暂稀释，原有的教师发展路径与策略已难以适应校区增多、人员稀释的现状，如何避免各校区的教研组、中心组"各自为战，各自发展"的现状呢？

我们集团的解决方案是建立有要素标准的"集团教师学习共同体"，此共同体，以促进集团各教师专业发展为目标、依靠集团内部优质资源共享和各成员相互影响，实现各校区每一位教师专业同步提升的教师学习组织。要想实现高质量发展，就要以一定的要素标准成立学习共同体。我们集团以德育团队模块、学科中心组模块、名师工作室模块等为要素成立学习共同体。

德育团队模块：此团队模块，以南上山总校德育主任为龙头，集各校区德育主任于一体；以南上山总校德育课程为主动脉，辐射带动集团泉海校区、泉欣校区、泉海学校小学部德育课程为多元延展。通过师资共享、培训共融、活动共建的原则实现德育团队模块的横向联结与纵深发展。

学科中心组模块：集团学科中心组能够提升学科骨干教师专业素养，培养教研中坚力量。由集团学科教研负责人领衔，如：数学集团负责人总校张云主任、语文集团负责人泉海彭倩主任、体育集团负责人黄俊鹏主任、英语集团负责人刘玥老师、美术集团负责人甘艺术霖老师。等各学科集团教研负责人，

通过双线并行"走校教研＋云端教研"方式,以名师资源、专业培训、课例研究为学科中心组载体,实现各校区骨干教师及全体教师专业水平均衡提升。

南上山教育集团学科中心组模块教研负责人			
负责学科	牵头校区	负责人	总负责人
语文	泉海校区	彭倩	南上山总校 张云
数学	南上山总校	张云	
英语	南上山总校	刘玥	
音乐	南上山总校	逯娟	
体育	泉海校区	黄俊鹏	
美术	南上山总校	甘艺霖	
科学	泉海校区	张鹏	
劳动	泉海学校小学部	王文	

南上山教育集团学科中心组模块教研负责人			
工作室名称	领衔人	校区	成员
"南朔"海读工作室	郝涛	南上山总校	各校区骨干语文教师
"牵手"班主任工作室	刘敏	南上山总校	各校区骨干班主任
"尚水"工作室	何庆敏	泉海校区	各校区骨干班主任
海睿学研工作室	张鹏	泉海校区	各校区骨干科学教师
"欣心"班主任工作室	左晨	泉欣校区	各校区骨干班主任

名师工作室模块:我们在集团层面成立了各学科的区级名师工作室,分别由该学科的省、市、区名师,首席教师,学科带头人担任领衔人,在各校区建

立学科及班主任工作室基地,将名师的示范效应辐射到各校区,通过名师团队的阶分级架构实现各校区骨干教师队伍建设的"同气连枝、同步发展"。

2. 核心带动

领头人的专业素养、发展定位往往决定着团队的发展方向和发展深度,选好带头人对于教师"抱团发展"显得尤为重要。

首先,我们注重甄选领头雁,即发掘名师,让名师成为工作室的核心人物。譬如南上山教育集团领衔名师工作室的郝涛、高招娣、刘圣浩、何庆敏、吕润辉等市、区级名师,几位老师都是省级以上课例一等奖获得者,也都是省级以上教育科学规划课题主持者,或是区级以上首席教师、十佳教师等。

其次,我们注重团队成员配置与选拔。每个工作室立足校内教师,发展校外教师,在自主申报与平等竞争的基础上遴选十余名专业能力强、有研究热情与研究意向的优秀教师为核心成员,担当着工作室课题推进、课程建设、课例研讨的重大任务。

再次,我们注重发展新生的力量。通过培养新成员、年轻成员轮流担任工作室活动的主持策划、开发各类教研活动等平台,引领一大批优秀教师,特别是年轻的骨干教师不断成长成熟。

"名师引领—核心驱动—骨干辐射"的分层培养与发展方式,形成了南上山教育集团极为强劲的教师团队化发展梯队,让优质教师彰显"风格",骨干教师迅速"升格",年轻教师立即"合格"。

3. 协同发展

教师团队化发展的核心要义就是促进集团乃至区域教师队伍整体素质的提升,其关键在于凝聚人心,激发团队的向心力、内驱力。我们的路径主要有三条:

(1) 教师精神的文化引领

南上山街小学的"厚德博学　求索笃行"的教师文化精髓渗透到各成员校的每一名教师心中。南上山街小学形成了以"厚德"承载教师文化、以"博学"滋养教师文化,以"求索"创新教师文化,以"笃行"践行教师文化的行动方略,不断激发集团各校区教师的高尚情操和价值追求,让"厚德博学求索笃行"成为集团教师共同的价值追求。在总校教师文化引领下,各校区确立了自己的教师精神。

泉海校区："师道本如水，教师当如是"。依据水的特性，将教师精神确立为"上善若水 有容乃大"，将师德教风确立为"追求 包容 法度 奉献"，即希望教师具有奔流到海的追求，海纳百川的包容，刚柔并济的法度，滋养万物的奉献。引导教师从水性中得到修身、养性、处世之道，并升华为敬业奉献的思想文化。

泉欣校区：将教师精神确立为守望、立教、清正、含华。即：教师要有"静待花开"的守望心境、"尽职尽责"的立教本质、"清身洁己"的清正作风、"含英咀华"的含华追求，成为有教育情怀、有理想追求、有生长境界的教师。

泉海学校小学部：静远教师，韧动追求。要做静远教师，能够做到"静时如莲，暗自芬芳；动时如火，暖彻心房"，用我们的坚韧去韧动教育的追求。发掘教师自身的"内驱力"，静之于心、动之以情、晓之以理，韧动追求，成就自己的教育人生。

（2）资源共享的均衡配置

在集团校长、中层、教师的交流过程中，我们采取"校长＋教师""干部＋骨干"的模式，确保每个成员校都有名校长、市名优教师、学科带头人、首席教师、风格教师等骨干教师的带动。五大名师工作室领衔名师规模在最大的南上山总校区有两位、第一分校泉海校区有两位，核心成员也均衡分布在各校区。

（3）愿景认同的共同规划

我们十分注重用"规划愿景"来引领行动方向，各工作室首先召开工作室成立会，在成立会上，工作室领衔人和大家一起商议、起草工作室章程、工作室长期目标、中期目标、短期目标。并且商议工作室内的课题立项工作，形成"人人参与，我为人人"的工作室格局。

（二）南上山教育集团教师学习共同体的行走方式

长空过雁，列队前行。一个教师团队，也要在阅读研究中"行走得丰实"，在合作互补中"行走得协调"，在反思争鸣中"行走得智慧"，朝着共同的目标展翅齐飞。

1. 蓄力启航——慧植阅读、深耕研究

随团队而行，首要的是自我羽翼的丰满。我们着力打造"以读书撬动课程整合"的读书团队文化。推荐阅读书目，举办阅读沙龙，要求每个教师制订适切的读书计划，撰写形式多样的读书心得。在集团层面，我们还成立了"悦水"工作室读书社，开辟了"南朔海韵阅读"读书推荐书库，以自主阅读、互助阅读为主要方式，以读书沙龙、读书论坛活动为主要载体，以专家指导、高层引领为重要支撑，形成"厚积薄发"的内在品质。

慧植阅读必须与深耕研究相伴，我们在集团常态化教研活动的基础上，以教师小课题研究为抓手，形成教师小课题集群，以工作室"主课题"为核心目标，"小课题"繁星满天。各名师工作室，都承担不同级别的课题研究，每个人都参与课题研究。

2. 振翅高飞——合作互补、协同发展

雁行千里需要彼此供给，教师团队化发展也需要校区之间、团队之间、教师之间的资源共享与优势互补，形成集团教研的有效共同体形式。

我们实施"融合参与式研训"策略，特别是均衡发展理念下的集团办学，更需要建设优质的教研共同体，形成教研文化，才能实现名校集团中各个校区教育力量和教育质量的发展均衡。南上山教育集团在集团办学背景下，结合本集团的实际问题和实际情况，提出了"文化培育""机制保障""能力创生""任务驱动"四大集团教研组运行效能提升策略，促进教师能力和教育质量的均衡发展。"学科团队攻关"是对外教学观摩评比时采取的一种教研方式，主要有"个人申请—校内选拔—校级备课—集团攻关—区级评比"等步骤。这样的集团学科团队攻关流程，不仅可以让参评者在区级以上评比活动中脱颖而出，同时，让各校区骨干教师在参与实战研究与观摩中积淀经验。"填谷"而不"削峰"，这也是南上山教育集团化办学中教师团队专业化发展的优势所在。

3. 搏击长空——反思争鸣、挑战提升

教师的团队化发展，也需要教师不断地在团队中进行自我反思，自我否定，自我成长。如果说阅读与研究是集团教师专业行走的积淀与日常，那么反思与争鸣则应是集团教师团队挑战自我，不断超越的重要力量。

如：集团的同课异构，锻造鲜明的教学风格；成组课例研究，激发深入完整的教学思考；新教师考核大比拼，形成科学的评价理念与策略；区评优融合教研，在反思与争鸣中，教师的教育理想与教学智慧得到了进一步的彰显与提升。

（三）集团教师学习共同体的抱团效应

1. 锻造攀登的精神

努力做区域最好的教师，构建最好的学习共同体。几年来，各名师工作室领衔教师充分利用核心工作室的人文精神关怀与专业的力量，与核心组各校区的成员协同努力，共同发挥各学科、各领域领头人的专业引领作用，促进全体教师朝着精进专业、深度研究、立标课堂的目标不断迈进。

如"南朔"海量阅读名师工作室、"尚水"名班主任工作室、"海睿学研"名师工作室等，都以实现"一年一突破，两年一晋级，五年成专家"为培养目标，以让教师成为业务骨干、让骨干教师成为名优教师为目标，着力推进课堂教学、学生活动、特色打造、课题研究等。

图一　南上山集团学习共同体体系架构图

2. 涵养致远的品格

团队自身的内涵式发展，是队伍建设的长远目标，而作为集团学习共同体中的每一个负责人和团队的成员，我们更应关注新建学校，扶持薄弱学校，为整个教育集团教师队伍建设的生态发展培养人才，积蓄力量。

集团化办学七年来，集团各级名师工作室如雨后春笋般摇曳生姿，我们坚信，学习共同体作为一个团队发展的有效载体，通过集团的区域名师和区域骨干教师的传帮带作用，一定能够全面迅速提高各校区不同层级教师的专业化水平，真正使名师起到领衔辐射作用，一枝独秀不是春，满园春色才是春。

如今，集团正在以强劲的力量奔跑、向前，并将引领着集团教师队伍大踏步向前发展，并且在一定程度上必将引领着区域教育走向优质均衡的生态发展之路。

三、系统培育，集团入职教师培养策略深探

集团是一个有着多个以新教师占据师资主力的新建学校的集团，集团的快速扩容，新建学校的不断壮大，使整个集团的师资主力日趋年轻化。近几年，集团一直将新教师的培训作为重点工作来创新开展，从四方面进行了体系化培训机制创新。

（一）定位"造血机制"，抓好"品质教育"关键

伴随着集团化办学的不断深入，我们教育集团的品质教育战略定位也从"趋同发展"走向"分层提升"，各校区正在向高起点高标准建设品质和优质学校迈进。

第一所分校泉海小学作为中海国际社区的第一所新建分校，仅七年时间，发展为四十一个班，近1800名学生的规模，七年来新进教师60余人。第二所分校泉欣小学，第一年招生就达7个班，现在发展为三十四个教学班，近1500名学生。泉海学校小学部建校四年，也已发展为二十三个教学班，近1000名学生的规模。每一年，集团内新教师增长比例都迅速扩容。因而新教师培养成为集团品质教育的关键，是工作中的重中之重。这样一支年轻化教师队伍的急速增长，促使我们改变新教师培养的战略决策，我们把教师培养的方式从依托总校"输血"，转变为注重各校区的自身"造血"。我们认为培训的最高境界应该是培训者与被培训者共同进步，和谐共生，实现教师成长与学校发展共赢。我们确立了"系统培养，分段实施，名师引领，逐级提升"的指导思想，并朝着"一年入门、两年站稳、三年成才"的年轻教师可持续发展目标全力进军。

（二）深入"需求调研"，把好"教师成长"脉搏

有了明确的战略目标和培训理念，急需解决的就是了解教师最需要的培

训内容、培训方式和培训模式。集团秉承以文化人,人文管理的特色,先进行入职需求调研,为教师成长把脉,从教师本身的需求出发,设计培训内容及培训方式。经过调查问卷了解到,在培训内容的确定上,老师们对那些与教育教学直接关联的,对教育实践具有指导意义的,操作性相对较强的培训内容较为感兴趣。在培训模式上,认为效果最好的培训模式选项中,从排在前三位的情况来看,集中、校本相结合,交流碰撞的方式大家更乐于接受。在培训的方式上,大家认为最有效的"名师带教"和"观摩考察"所占比例最多,老师们更多需要的是面对面的直接指导和借鉴。

(三)全面"战略部署",用好"导师团制"引领

有了以上第一手资料,摸清了青年教师的需求和教育教学实际的需要,我们采取导师团制培训模式。首先明确理念:每一位成为新教师导师的教师首先要融入这个团队的理念与理想。我们的"导师团制"培训理念为:以激情点燃激情,以追求影响追求,以理念唤醒理念!

"导师团制"导什么?一要"导德",也就是使自己的"徒弟"具有良好的"师德"。二要"导才",就是要对"徒弟"的学习进行指导,丰富他们的知识储备。三要"导教",就是具体指导"徒弟"的教学工作。四要"导研",引导新教师走研究之路。在目标上,要循序渐进,不要求之过急;在活动安排上,讲究师徒互动、团队合作、导师共享、徒弟互学。本着优质资源共享、优秀名师带动的原则,集团各校区建立以教导处为培训核心,以"导师"团队为培训载体的培训组织机构,组建了以学科主任为首,由各学科品行兼优、专业过硬的骨干教师参与的"导师"团队,一年来导师团主要完成了以下工作:

1. 制订培训手册,让教师从盲目上岗走向目标定向。

导师团为每一位新教师制订了《新教师必读手册》,手册中从指导帮带、管理细则、工作指南等多个方面对新教师工作进行规划和导航,让新教师一上岗就能够对自己的工作一目了然。

2. 指导撰写发展规划,让教师从被动接受走向主动发展。

在新教师的职业发展中,只有看清自己的现状、明确自己的目标、制订翔实的计划,才能得到更快、更稳的发展。为此,导师团邀请部分专家指导帮助新教师进行个人三年发展规划的制订,帮助新教师客观、详实地为自己的职业生涯规划定位。

3. 进行专业训练,让教师从个人练习走向专业指导。

学校非常重视新教师的基本功培训,聘请集团优秀书法教师和简笔画指导教师,为各校区的新教师进行定向指导、模拟训练、专业点评,迅速提升了新教师的基本功专业技能。

(四)校区"私人订制",做好"培训研磨"练兵

导师团还总结梳理出集团新教师培训的"七步曲",形成独到创新的一套培训体系。即师徒结对、发展需求调查、制订个人发展规划、"相约周五快乐学习吧""相约周三休闲读书吧"、专业基本功训练、课堂教学研磨展示"七步曲",让新上岗的教师一步步走上成熟。就是在这样的机制带动下,各校区统一大步调,再结合各自校区的实际形成各校区"私人订制"的培训方案和计划。

1. 南上山街总校:凝聚"筑梦"团队,坚守培训阵地

(1)全面设计培训内容,规范落实培训实效。

结合总校特点,学校为新教师量身定制了2017"筑梦团"培训计划,在培训规划指引下,从班主任德育到学科教学,从教师基本功到专业素养,周周有主题,周周有思考,汇集各方资源,群策群力,不断地向新教师输出宝贵经验,分享典型案例,分析存在的问题,满足了新教师在刚踏入工作岗位的基本需求。

(2)创新实施培训形式,多元彰显教师风采。

声情并茂"朗读者":借鉴中央电视台热播的《朗读者》形式,督促新教师多读书,多积累。在每周四下午的新教师培训前十分钟,以抽取顺序号为先后,由新教师自己选文朗读,或推荐好书、或分享感悟。从选稿到配乐,从熟读到真正的情感流露。新教师在朗读和聆听中产生共鸣,收获美文的熏陶与涵养,拥有展示自我的舞台。

"三遇"调研见实效:为了更科学准确地帮助新教师解决学生及班级管理问题,开展了"三遇"调研的活动。即遇到班级常规问题怎么办?遇到活动组织问题怎么办?遇到家长沟通问题怎么办?通过问卷形式,从学生的角度帮助教师寻找解决问题的方法,取得了良好的效果。

2. 泉海校区:打造"尚学"团队,实现共进提升

(1)"周三休闲书吧",创造尚学氛围。

给新教师创设优雅舒适的"教师休闲书吧",推荐并颁发专业发展类的书籍。制订可持续发展的读书计划,一学期能读3～5本管理及业务类的书,在"快乐书吧"中交流自己的读书心得,并做到有读书有交流,有分享有碰撞。

(2)"周五快乐分享",实现共进分享。

周五通过开放式的交流互动、同伴互助分享工作心得,邀请学校的导师团中的首班、区能手、新苗教师答疑解惑,以此打破教师封闭学习的状态,获得互动提升。

(3)课堂汇课研磨,高位指导提升。

让每一位新教师的月展示课可以得到多级专家的引领、多位师傅的指导、多位同伴的互助、多次教研的推动。让每位新教师研磨课呈现最大范围辐射、最强力度提升、最优团队合作的机制。

(4)科研专题研究,多元呈现发展。

结合泉海校区的国际文化认同课程与传统文化体验课程,新教师自主开发、研究体系、从课堂中生根、在活动中提升,逐渐向"复合型"教师迈进。

3. 泉欣校区:燃情"生长"团队,萌发多元潜能

(1)分校协同带动,共学促进成长。

泉欣校区作为中海国际社区第二所分校,新教师人员较少,得到了"兄弟"泉海小学的帮助和引领。在集团大团队的感召下,新教师有了奋斗的目标;在榜样的带动下,他们也在慢慢改变。

(2)认真规划研训,实现规范生长。

结合泉欣校区的工作计划和实际情况,学校将每周四下午定为快乐学习吧时间,制订了具体可行的培训计划。主要涵盖:教育思想,点燃激情;个人规划,明确目标;基础技能,坚持训练;专业成长,边学边研等方面。及时的思想状态沟通、细致的个人分析指导、每周的基本功展示、中国教师教育视频网优秀讲座、课例的学习与研讨运用,都让新教师在学习中反思和受益。

(3)搭建锻炼平台,激发多元生长。

泉欣校区是一所新建学校,面临这种仅有一年级七个班近20位教师的实际情况,每位教师都是身兼数职的创业者,因此对新教师来说是一个更大的挑战。在新教师培养上应坚持:挖掘特长,给足信任;活动促进,给足平台;课程研发,给足空间;成果展示,给足指导。

4. 泉海小学部："333"提质培养工程,促青年团队成长。

（1）"三社三活动",团队引领促教师抱团发展。

泉海学校小学部成立了以新教师培训学习为主的"静远"启航社,导师团、助教教师共同促进新教师的成长。建立了以青年教师读书学习为主的"静心"读书社,35岁以下的青年教师用阅读推进内涵提升。组建了以骨干教师研究提升为主的"静思"学研社,科研引领骨干教师特色发展。

（2）"三层三主题",课堂研磨促教师专业提升。

分层课堂教学跟踪听课,明确不同的观测重点。骨干教师引领课:关注"一课一标准",实现对青年教师的课堂立标。新教师成长课:关注"一轮一重点",实现对新教师螺旋上升式的点滴促进。青年教师研讨课:关注"一课一亮点",实现对教师专业的把脉提升。

（3）"三抓三促进",教学管理促深度学习落地。

一抓常规落实,促规范提升。建立早读巡查、课堂巡查、午训巡查的"三巡查"制度和备课督查、作业督查、专项督查的"三督查"机制,贯穿教学的"备、上、批、辅、测"全过程。二抓日常教研,促减负提质。各学科常规教研活动固定大组教研时间,做到雷打不动。结合学科特点再做深化和调整。三抓教学痛点,促有效教学。各个学科寻找教育教学过程中的困惑点、疑问点、瓶颈点,并且有针对性地寻求突破。

新教师培训工作中,我们更多的是给新教师一个成长的支点,一份温暖的关怀,一种高位的引领,一些细致的指导,一片发展的空间,让新教师更好地体验成功与失败,找到自己发展的最佳路径。在市中教育这片沃土中,在各教育集团的引领和帮助下,新教师已经逐步成长起来,相信在不久的将来,每一位教师都会快速成长,成为学校的主干力量,成就最好的自己。

第三章 融创文化

锻造集团"一校一品"格局

　　文化品牌铸就学校灵魂,是一种潜在的感召力,更是学校历久弥新、持续发展的不竭动力。南上山教育集团秉承"共融共好、整合发展、各美其美"的集团办学理念,坚持文化立校,提升教育品质。文化的力量是无穷的,要用文化建校,要用文化聚心。一定要从学校文化打造入手,让学校成为师生共爱的地方,学校才会快速发展,高位发展。

　　集团将学校文化建设作为集团品质带动的"发动机";将各校区的学校文化提升,作为集团教育质量可持续发展的"源动力";将学校文化管理,作为集团均衡、内涵发展的"软实力"。打通和重新准确定位集团各校区的文化理念,能够实现凝聚人心、汇聚力量、重塑潜能、创新发展的高品质定位,以文化创新铸就集团的教育品牌,推进了每所集团校的内涵发展。

第一节 共塑集团学校文化体系

一、南风阜厚，养正立根——南上山街小学"养正"文化体系阐述

济南市南上山街小学创建于 1923 年，是一所历史悠久的老校。作为南上山教育集团的龙头校，历经传承演变，用心思考、构建和践行文化发展战略，在系统运作中推进学校文化，在自身发展中提升学校文化，近百年的文化汇集了众多的精彩华章，走出了一条以民俗文化特色燎原、以整合理念统领的特色品牌发展之路。

（一）学校办学定位

近百年厚重的历史积淀和精诚办学积攒的优质口碑使得这所学校储蓄了独特的精髓和文化。学校秉承"培养承接民族传统的现代中国人"的办学理念，着眼于品质教育站位，培养具有"民族底色、现代化素养"的南上山特质的人，教育的价值既体现传承又指向未来。"民族底色"旨在弘扬民族文化，传承自强、诚信、礼孝、尚美之中华美德；"现代素养"旨在树立世界眼光，学会沟通、合作、实践、创新的方法。

"民族底色"是一种归本植根的传承意识，植根的意识早已深深印刻到中华民族的图腾柱上，飘散出"南风"的韵味，因此，我们把核心理念概括为"植根"，取"扎根"之意，意在成为根植于民族土壤的"有根的一代"。在办学理念的引领下，"植根"的内涵进一步深化：就学生而言，要在学生幼小的心灵里植下传统文化之根，植民族精神之根，植现代文明之根；就教师而言，要在教师心中植传统文化的教育思想之根、植持续发展的教育理念之根、植开拓创新的教育方法之根、植整合拓展的教育思维之根、植终身学习的教育观念之根，让传统与现代的教育思想方法相融合的种子在教师心里牢牢扎根。

（二）学校"养正"文化体系探索

结合我国古代著名思想家孟子"我善养吾浩然之气"之精华，学校确立

了校训"养浩然之气，正民族之心"，并建立起"养气"与"正心"的联系，将其融合，形成学校独特的"养正"文化特色及文化体系。

有气方能生，以气为干，有气则有了生机、有了活力。学校将"养浩然之气"结合办学理念及办学目标，界定为：静气、和气、锐气、贵气、真气、大气。认为：静气克之于浮躁、和气取之于大同、锐气成之于精进、贵气现之于涵养、真气源之于溯本、大气达之于久远。学校将"正民族之心"界定为：正思、正言、正行、正身、正道、正业。心不正则气不行，学校还建立起"养气"与"正心"的联系，将其融合，形成"养正"文化：以养静气正思、以养和气正言、以养锐气正行、以养贵气正身、以养真气正道、以养大气正业。

通过这样的"养正"文化凝聚了学校的办学宗旨、办学理念、校风学风，承载了悠久的历史传统和深厚的文化底蕴，体现出鲜明校本特征和人文色彩。最终达到正其思，向天下之善；正其言，润万物之本；正其行，从四海之事；正其身，修圣贤之仪；正其道，顺万事之理；正其业，成创造之功的境界。

1. 以养静气正思——静己正思，打造综合型学研团队

以育静气，让研究成为习惯。静气克之于浮躁，学校成立了四大学研共同体组织，要求学研社团员静于系统思考、静融团队学习、静促自我更新、静达共同愿景。各学研社营造读书、学习、写作、研究、反思的"文化场"，做到学习有轨迹，研究有主题，形成既有专业引领又有行为跟进的研修机制。借学研共同体打造风格教师，满足教师发展的不同需要，鼓励教师做"教育＋教学＋科研"的复合型、学研型教师。以学习促提高：采取"1+X"的读书学习模式，通过教师论坛、读书沙龙、博客评比等形式交流读书、学习的收获和乐趣。以引领促发展：充分利用校内、外资源，形成了理论与实践并重、专家与教师同行的教师专业化发展培训模式。以反思促成长：坚持写教学随笔和教育叙述，在《学思集》中记录教育教学中的所得、所失、所思、所悟。以积累促提升：教师用自制书的形式梳理、反思、总结自己的教育教学工作。

教师培训抓实分层指导。坚持抓"龙头"（骨干教师），带"重头"（青年教师），促"源头"（全面提高教师素质）的教师校本培训工作思路。分层次并有针对性地对教师进行校本培训：面向青年教师的"成长型"培训注重入行；面向全体教师的"发展型"培训强调协作；面向骨干教师的"专题型"培训鼓励冒尖；面向课题成员的"研究型"培训服务教学。

2. 以养和气正言——和谐环境,重塑多功能育人空间

讲和气,追求和谐浸润,和而不同。学校力求使学校文化承接中华文化之血脉,彰显现代校园之审美品格,实现校园传统风格与时代气息的和谐统一。学校整体规划环境,营造与课程相适应的校园文化氛围。环境建设遵循"科学设计、整体规划"的原则,以淡黄、草绿色调为主,体现出高雅素洁、协调和谐的校园文化主格调。在校园文化建设中,力求使学校文化承接中华文化之血脉,使其与学校整体文化相得益彰,让校园文化载起民族精神,并努力彰显现代校园的审美品格。一是以"秉承传统文明,弘扬民族精神"为主题的"传统文化系列";二是以"播种良好习惯,收获健康人生"为主题的"养成教育系列";三是以"走进民俗文化,培育民族情感"为主题的"校本课程系列";四是以"学生社团活动,展现羽翼缤飞"为主题的"社团活动系列"。

民族的才是世界的,特色发展和逐渐形成的品牌效应打开了对外交流的大门,为学校迎来了新的发展机遇,打造了学校品质教育的前行姿态。如今,南上山街小学已经发展为由五个校区组成的教育集团,起着带动区域、示范一方、辐射集团的引领作用。学校将保持对中华优秀传统文化教育的执着追求,用充满情怀的教育使命,敬畏生命,尊重规律,让真实的感悟在课程学习的每个瞬间发生,让师生在舒展生命的自然张力间获得成长!

3. 以养锐气正行——整合蓄锐,建构"整合式四养"课程

讲锐气,让整合研究精进课堂教学。学校凸显传统文化培育的特色,在"养正"文化体系的整体构架基础上,注重对课程架构的理性思考,以学生成长为本位,探索实施以"民族底色、现代素养"学校价值取向为指导,以"整合拓展"为策略的"四养"课程体系,建构起了与"养正"文化相融合的四大课程模块,综合培育学生中华气质,合力传承中华优秀传统文化,学校师生呈现出春色满园的花开态势。

(1)以"学养课程"养静气,学中濡养静气的底蕴,培养学生"沉心静气、宁静致远"的学习态度。基于学科内整合的35分钟常规课,包含语数英工具学科;立足传授知识,开发智力,培养能力;主要是"学中练"的课程模式。实现核心素养指标体系在各学段的纵向衔接和垂直贯通。

(2)以"习养课程"养锐气,习中储养锐气的意志,培养学生"锐意进取、自主发展"的智慧才华。基于跨学科整合的50分钟主题探究长课,涵盖

艺术课程（音乐,美术）、科计课程（科学,计算机）、体育健康课程、阅读写作课程、校本课程,立足合作参与、动手实践、习得能力;以"练中学"的课程模式为主;以"跨界"思维为路径,探索相关学科课程资源和元素的整合。

（3）以"修养课程"养正气,修中陶冶正气的品性,培养学生"正气凛然、心正气和"的情感价值。基于学科外整合的20分钟专业短课,涵盖道德与法制,综合实践;班会队会,写字诵读;立足生活体验,主题感悟,修得品行;以"学中玩,玩中悟"的课程模式为主;重视拓展、体验、感悟,创造课堂中的精神文化。

（4）以"滋养课程"养贵气,滋中涵养贵气的风姿,培养学生"个性独特、高贵儒雅"的风度气质。基于特色校本课程的70分钟体验活动课,通过以实践体验活动为主多元自主选择的"走进民俗文化"校本课程,以"工艺育巧"涵养学生的艺术情操,以"节庆育情"涵养学生的中国情怀,以"民风育本"涵养学生的民族自信。

以传统文化引领的课程育人体系构建,有逻辑地推进了课程的变革,符合学生学习与发展的特点,学校课程发展出现了不一样的格局,学校发展呈现出阜厚花开的良好态势,逐渐彰显出品质教育的特质。

4. 以养贵气正身——网格文化,探索年级扁平化管理模式

团队管理显贵气,贵气现之于涵美。追求年级文化各美其美。实行年级主任责任制。每学期年级主任制订切实可行的年级文化建设方案,借助必要的载体和抓手,系统思考,重点突破,做好四个着力:着力抓好年级文化观念,注重把文化理念融入具体的教育教学中;着力抓好年级委员会,建立科学规范的年级管理机制;着力抓好年级文化特色,在理念概括、实践方式上体现出鲜明的特色;着力抓好师生文化素养,形成独具魅力的气质品行,彰显"各美其美"的年级文化。结合年级特点,开展了升旗仪式承包活动,召开了年级主任年级管理总结会,各年级分别以"爱""合""实""齐""真""敬"一字定格、诠释和展现了年级特色发展旅程与风采,并探索出了年级评价制度,促进年级团队的共荣发展。

5. 以养真气正道——童真养正,践行"六艺"德育课程

求真气,让教育溯本归源。学校德育教育结合立德树人这一根本任务,着力打造以"弘扬和培育伟大的民族精神"为核心的"六艺"学校德育品

牌,将传统文化中儒家精髓"六艺"(礼、乐、射、御、书、数)作为德育核心文化,围绕学生成长所必备的核心素养,挖掘"养正"文化内涵,逐步提炼育人目标,引领学生"守中国礼、学中国艺、强中国身、研中国风、通中国文、圆中国梦",回归到"养气""正心"的中国人本真教育上来。深入挖掘传统文化"六艺"的德育要素,促进"德化于礼""德显于乐""德强于射""德行于御""德达于书""德固于数"。继续挖掘"六艺"教育和"养正"文化内涵:积极推进"六艺"德育课程的实施,形成"以礼仪教育化人育和气""以艺术活动怡情练贵气","以体育项目激进培锐气""以实践体验正行求真气""以国学诵读铸魂养静气""以科技创新励志显大气"的德育途径。

同时积极构建课程评价体系,采用激励性评价,以评选"出彩中国娃"在学生心中打下民族底色的烙印。"中国娃"源自学校"培养承接民族传统的现代中国人"的办学理念,印证的是学校回归教育本源的民族传统教育;"出彩"强调张扬学生个性,培育在传承民族传统的基础上现代社会所需的德才兼备、文武兼得、知能兼修、人人兼惠的南上山学子。学校坚持"人人享有出彩机会,个个拥有出彩平台"的原则,评价项目主要包括"光彩中国娃""炫彩中国娃""风采中国娃""博彩中国娃""文采中国娃""溢彩中国娃"。学生在"守中国礼、学中国艺、强中国身、研中国风、通中国文、圆中国梦"课程学习中达到相应标准,即可评为"出彩中国娃"。"六艺"德育课程深化"养正"文化内涵,传承中华文化基因,增强学生对中华传统文化的自信和自觉,形成南上山学子的独特神韵,成为学校发展的亮点,让民族底色熠熠生辉。

6. 以养大气正业——博彩传薪,研发"走进民俗文化"校本课程

讲大气,博学广思,开阔心胸和视野。紧紧围绕培养"民族底色,现代素养"的育人目标,学校以丰富的传统文化为土壤,着眼于每个学生的发展,确立了"走进民俗文化"校本课程。在校本课程开发过程中,学校确立了一个核心——以弘扬和培育民族精神教育为核心,一个载体——以民俗文化为载体,课程实施的三条基本途径:一是学习民间工艺,感受艺术魅力;二是体验节庆文化,培育民族情感;三是了解民风民俗,树立民族精神。学校共开发80多门拓展性课程,为学生提供了独具特色的、可供选择的课程体系。即"天工"——工艺课程类,取之"巧夺天工",以工艺制作培育学生动手创造;"天

籁" —— 文艺课程类,取之"天籁之声",以戏曲文艺锻炼学生的语言表达;"天香" —— 艺术课程类,取之"国色天香",以舞蹈艺术培养学生的审美情趣;"天心" —— 实践课程类,取之"独具匠心",以探究体验发展学生的求知能力;"天翼" —— 科技课程类,取之"天使之翼",以挑战发明延展学生的创新思维;"天骄" —— 体育课程类,取之"天之骄子",以健身运动练就学生的强健体魄。这一系列多元化、个性化、可选择的课程,体现了在传承民族传统的基础上,对现代素养的培育促进了学生创造力、思维力、学习力的提升,让学生在学校提供的课程中自由呼吸、适性发展。

二、与水为缘,润泽师生——泉海小学"尚水文化"体系阐述

为形成集团共同的价值追求,展现出各校区的办学特色,南上山教育集团确立了"共融共好、整合发展、各美其美"的办学理念。其中"整合"是核心思想。

集团文化的共性是各校区文化的普遍性、融通性,而个性是各校区文化的特色。有共性可使集团整合发展,形成集团特色,但只有共性,会失去各校区自身的生命力。作为新建学校,只有形成自身的文化特色,才会具有永恒的价值和无穷的魅力。

泉海小学,"水"作为泉和海的连接点,必将演绎泉海小学独特的、多姿多彩的文化内涵。古今中外水与文化密切相关。基于这样的思考,泉海小学着力打造"尚水文化",使之成为泉海小学文化的主旋律,形成覆盖全局的文化体系。

(一)学校办学定位

济南市市中区泉海小学是南上山教育集团第一所分校,它因坐落在泉城南部的大型体验式国际化人文艺术社区——中海国际社区而得名。泉海小学这所以水命名的学校注定与水结缘。"泉"是源头,它即是生命的源泉,又是人类创造文化的源泉,也是中华民族精神生活的源泉。海要远流,喻指国际视野和未来前景。因而我们融合南上山"培养承接民族传统的现代中国人"的办学理念,融入中海国际社区环境,升华泉海小学的办学理念为"中国情怀,国际视野"。 这一理念寓意我们培养的是"中国式,国际范"的时代新人,体现了民族与世界、传统与现代整合的思想,同时也体现了泉海办学理念寓情

于水，以水传情，借水言志的价值取向。泉海小学的文化既是对总校文化的继承与创新，更是学校文化的个性化展现。

基于以上办学理念的思考和定位，学校将办学目标确立为：创造适合学生发展的教育，建设一所师生懂得尊重、开放包容、不断创新发展，充满温情的学校。

（二）学校"尚水"文化体系探索

1. 精神文化以水为魄——追求"尚水"思想

泉海小学秉承"中国情怀、国际视野"的办学理念，将水文化与学校文化相融合，确立校训为"溯本清源，包容开放"，并赋予校训以新的文化内涵。"溯本清源"源自泉的孕育，喻指让文化探索源头，让人性追求本真，让教育返璞归真；"包容开放"源自海的启迪，即在包容中体现兼收并蓄的思想精神，体现和而不同的文化氛围，体现对每个人的关爱呵护，并在开放中汲取营养，在开放中探索新路，在开放中孕育创新。

2. 管理文化以水为鉴——探索"尚水"管理

"智者乐水"，作为管理者，如果能把自己看成一滴水，也会拥有水一样的大智慧、大胸怀、大眼界。学校以水定位管理理念，形成"廉洁、公平、豁达、进取"的管理理念，即管理者要具有"清纯如水，洁身自好"的廉洁；"以水为准，量自取平"的公平；"百转千回，必寻脉理"的豁达；"以柔克刚，勇往直前"的进取。

（1）缩减教学管理层级

作为一所新建学校，应该建立符合校情、同时又具有现代感，与未来社会相适应的教学管理机制。管理应该遵循一条路径：即校长出思想，副校长出思路，中层干部拿措施和执行方案，全体教职工贯彻落实。作为新建学校，其中的管理断层是出现在我们面前的最大问题，这一问题如何突破呢？这就要在校长与中层做一个上下贯通的巧妙对接，校长先给出办学思想，在教学工作思路的确立上，采用校长决策下沉与中层执行上调的策略，共同议事，确立工作思路。这样做减少了中间环节，提高了办事效率。所以无论是课程领导力，还是行政事务，都成了中层的必修课，同样，作为年级主任、教研组长的课程领导力也应迅速升级，实现共生共长。

（2）推行项目式管理

为了更好地体现现代教学管理的"动车组效应"，学校推行项目式管理。项目式管理采用灵活的人员分配形式，从中层到教师人人都有机会领衔项目实施。项目式管理直接在校长的支持下，调动人、财、物、时间、空间资源，连接项目组内各个部门成员。项目式管理的对象是项目，组织形式是扁平化、柔性、临时性的，组织管理的方式是针对目标进行的动态管理。

3. 教师文化以水为道——教育充满温情

"师道本如水，教师当如是"。教师如水，则能爱物育人，滋养自身。融水于人生，融水于教育，便能达到做教师的最高境界。因此，我们依据水的特性，将教师精神确立为"上善若水 有容乃大"，将师德教风确立为"追求 包容 法度 奉献"，即希望教师具有奔流到海的追求，海纳百川的包容，刚柔并济的法度，滋养万物的奉献。引导教师从水性中得到修身、养性、处世之道，并升华为敬业奉献的思想文化。

学校注重加强教师队伍建设：以文化润思想，激励教师形成专业追求；以团队助发展，促进教师积淀专业底蕴，构建教师学研社，形成学研团队文化；以机制促成长，实施"导师团制"，从教师本身的需求出发，为教师成长与再发展把脉，激活教师专业发展的活力。

4. 德育目标以水为镜——尽显灵动自由

学校将弘扬民族精神和培育国际意识融入德育课程中，将课程与德育相结合，促使素质教育目标具体化。总校育人目标是"民族底色，现代气质"，泉海小学则以"泉"的灵动和"海"的博大定位人才目标，培养"灵动自信坚韧 求新"的泉海学子。即以水为镜，使泉海学子具有"欢畅淋漓的灵动，一往无前的自信，滴水穿石的坚韧，自动自发地求新"。

5. 课程建设依水而生——打造"亲泉致海"社团体系和"五生德育"课程

基于办学理念：一是构建亲泉致海学校课程，并形成了以"传统文化"传承为主的亲泉系列和以"国际文化"拓展为主的致海系列社团体系；二是着力于构建"生态、生存、生活、生命、生长"为主要线索的"五生"德育课程体系。每个系列涵盖三项内容：

"生态"系列涵盖"改善生态环境、建设生态文化、展现生态文明"三项内容；

"生存"系列涵盖"增强生存意识、学习生存知识、提升生存技能"三项内容；

"生活"系列涵盖"体验生活情趣、优化生活结构、追求生活品质"三项内容；

"生命"系列涵盖"丰富生命内涵、培养生命智慧、提升生命价值"三项内容；

"生长"系列涵盖"品味生长过程、感受生长快乐、创造生长奇迹"三项内容。

6. 课堂文化随水而动——如水般"灵动的拓展课堂"

泉海小学课程研发中心，在集团"四养课程"整合体系的基础上，依据学校"课堂教学随水而动"的课堂文化理念，架构起泉海小学拓展性学习的研究体系，着力打造如水般"灵动的拓展课堂"。通过拓展学习内容、学习方式和思维方法，打造"随水而动"的课堂教学特色。

（1）拓展学习内容，于丰富的学习资源中，实现课堂的灵动

学校依据办学理念，形成了"三维"同心的课程图谱，涵盖了小学六年学生个体发展中所应具备的"必备品格"与"关键能力"，形成了学校"目标、模组、层级"式的课程体系。中心圆的"粉色"是主题色，青蓝橙三种颜色的曲线构成了三维目标，寓意"全面发展、个性成长"的育人目标。课程以文本类拓展与实践类拓展为载体，在学习方式的变化、资源基础的综合运用中，拓宽思维发展、拓宽学习方式，实现学生学科素养的综合提升。

（2）拓宽学习方式，于宽广的学习时空中，实现学习的灵巧

对学生的学，应该从更关注结果走向关注过程，即走向关注学习方式与学习体验中来。如：语文与阅读课运用"可视化思维导图"的学习方式，构建"思辨学习"。美术与设计课以"双线教学法"开展多元体验的绘画学习方式，构建"体验学习"。科学课采用"工程师的思维＋工程师的方法"构建"项目式学习"。体育课以"体特＋体健"的方式引领学生进行"个性化学习"。另外智慧课堂的引进，更好地实现了学生学习的自主性、探究性、开放性，建构一种更高效开放的学习方式。正如芬兰学者提出，拓展性学习是一种更关注学习过程的学习方式，更关注学生将运用怎样的学习方式来面对未来的学习。

（3）拓宽思维方法，于真实的学习过程中，实现思维的灵活

我们以多种情境的创设为课堂组织形式，引导学生解决生活中的实际问题，以此促进学生的思维发展。如数学与生活课程：设置游戏体验情境——掷色子，让学生在一步步大胆猜想中探索概率的奥秘，培养学生的发散聚合思维。美术与设计课程：以为你身边的人设计鞋子为问题情境，引导学生设计符合不同人群、不同特点、有创意的鞋子，培养学生的创造性思维。再如科学与探究课程：以解决动画片汪汪队救援中遇到的困难为问题情境，让学生在模拟现场中探究瓦楞纸的特性，从而解决生活中类似的问题，培养学生的问题解决、决策思维。再如语文的1+X拓展课程，引导学生通过拓展阅读把握文本的内在规律。实现了从读懂一篇到读通一类，培养学生比较思维、求同思维、求异思维、聚合思维等高阶思维。

7. 校园文化伴水而在——处处水韵流淌

水作为学校的文化主题，具有精神和物质两个层面的内涵。根据学校办学理念，泉海校园文化以"亲近自然，拥抱绿色"为目标，着力打造"亲水校园""生态校园""文化校园"，努力建设具有鲜活生命和审美价值的文化载体（一亭：汇波读书声。一园：尚水园识名泉。一广场：润源看鱼嬉，意在引领学生求真寻本的科学进取精神。），让校园水韵流淌，生机盎然，书香四溢，让学生时刻浸润文化。

另外，泉海小学今年进行了校园文化升级：让学校文化充满性格色彩，汇泉入海。并且，活泼好动、喜欢海洋，热爱科学的泉宝形象已经活跃在校园，并演绎出热爱运动、音乐、古诗词、阅读等不同形象。校园分贝数字墙以智慧校园形式让学生在一个幽静的校园内读书。校园文化实现再升级。

在"水文化"的滋养下，一个传统与现代交相辉映的有温度又充满温情的新校正在发展壮大。在南上山总校的文化滋养下，学校也将以上善若水、自强不息的本色，以包容万象、开拓创新的气度，认准目标，一路依水而生、随水而畅。

三、欣欣向荣，独特风华——泉欣小学"水清木华"文化体系阐述

泉欣小学作为南上山教育集团中海国际社区的第二所分校，建于2016年，是一所极具生长力、充满活力的年轻学校。学校建立之初南上山街教育集

团就带领泉欣的创业团队定位理念,创设文化,构建体系,打造特色,在南上山街小学总校和泉海小学文化积淀的基础上,结合泉欣小学的命名,进一步挖掘其文化内涵,探寻校区生长点和发展点,明确育人方向,形成基于集团和校区实际的独特文化体系。

"泉欣"取自陶渊明《归去来兮辞》中的诗句"木欣欣以向荣,泉涓涓而始流"。泉欣小学建校四年多以来,在"教育即生长"核心理念的引领下,构建起了特色鲜明、向荣粹美的"水清木华"文化体系。"泉"即是各校区的情感纽带,也是集团文化的浸润传承,"欣"寓意生长,是泉欣的文化特质,是持续发展的定位方向。

(一)学校办学定位

1. 建一所怎样的学校?

学校致力于创建一所教育即生长、以学生发展为中心的学校,一所尊重差异、以学生适性发展为目标,让每一片叶子独特风华的、孩子们喜欢的学校,一所共生共长欣欣向荣的创新型学校,一所现代化、精品化、国际化的优质特色学校。

2. 要培养怎样的学生?

作为一所基础教育学校,肩负着国家的教育使命:培养合格的公民,成就社会的栋梁。学校要培养中国根基、世界眼光、自信包容、思维开阔、清逸体健、有公益心和多元文化理解力的未来社会公民。

3. 育人理念:教育即生长

泉欣小学独特的命名内涵,要求我们关注教育的本源和生长本身。因此,学校将著名哲学家、教育家杜威提出的"教育即生长"作为学校的办学理念。

教育即生长的理念告诉我们教育的本义,就是要使每个人的天性和与生俱来的能力得到健康生长。尊重差异、适性发展,让每一片叶子独特风华!

遵循原则:

关注每一个:从和每一个孩子打招呼开始,从精心筹划每一次富有教育意义的活动课程开始,一点一滴地积累起孩子们未来成长所必需的元素……

努力适合每一个:根据对学生性格特点、认知水平、兴趣爱好的大量观察定位,基于学生发展规律设计并提供出适合学生的课程菜单、发展方向,让学生在适合的成长路径中逐渐发展自己、成为自己……

让每一个都真正参与：杜绝旁观者和陪衬，我们要把课程、活动当作每一个人的事情，通过程序与规则的设定，用不同的形式举行，增加孩子们的参与度。

4. 培养策略

教育教学一体化、全员育人（每位老师、保安、校工都参与孩子的多元评价，在学校的和进入学校的成年人应当成为学生的榜样）。

培养目标的整合与分解（将学校培养目标在学科目标中分解，是全员育人的一部分，每个学科都要在自己学科中落实）。

综合干预与多向发展（学生差异与生俱来，它存在于很多方面，我们不可能在短时间改变，但是我们可以进行课程的综合干预与多向发展……）。

扬长教育（现在很多家长的总是盯着孩子的短板，越短越补，看不到孩子兴趣与优势。扬长教育就是用优势激励、用亮点带动，帮助孩子寻找到自己亮点。孩子未来的职业发展一定是凭借兴趣与优势的）。

（二）学校"水清木华"文化体系探索

学校妙华校园建设、凝华管理实施、情华教师培养、德华课程架构、无华课堂打造、荧华课程开发逐渐启动、丰实，构建起"水清木华"的独特文化体系。

1. 建设妙华校园，即泉水浸妙华，绿色生长

结合学校"教育即生长"的办学理念，我们将校训定位为"共生共长 欣欣向荣"。以此创设和谐共长的校园文化氛围，在自我生长的道路中关注人的社会化需求，引导学生成为一个和谐共生的社会自然人，形成个人、班级、学校欣欣向荣的生长态势。

诚信超市、涂鸦创作、读书天地、绿植养护……一个个精心的角落展现了泉欣的教育智慧；图书阅览室、连环画教室、植物工坊、设计室、合唱室、舞蹈室……一个个专用教室、主题教室的打造展现了泉欣对学生的关注和培养；学生书画展、校本课程过程性内容呈现……学校走廊文化的精心布置让孩子们置身春的乐园。

引领学生形成开阔的妙思，体验生长的妙趣，感受校园的妙华。

2. 实施凝华管理，即泉水汇凝华，能量生长

凝聚力是一种内在的隐形文化，是维系团队存在的最基本的力量。因此，学校管理的核心就是"凝心聚力"，即通过凝心志，汇聚能量；凝才思，汲取精

华；铸师魂，繁荣事业，达成教师对学校团队的向心力，教师之间的亲和力，继而产生阳光向上的感召力。"凝华"还是一种物理现象，凝华过程中物质需要放热，学校管理就是激发教师潜在内驱力，在凝心聚力中得到能量释放、再次汲取、共同生长的目的。

3. 培养情华教师，即泉水育情华，守望生长

在情华教师培养上，学校通过"修守望心境、塑从教本质、立清正作风、养含华追求"的"四个一"工程，及以德修"身"欣荣俱乐部、以文修"心"欣阅书友会、以动修"炼"欣星训练营、以行修"作"欣蕊工作坊、以研修"道"欣研大讲坛五大平台，为每一位新教师的成长做到远景有规划、现状有分析、瓶颈有突破、举措有创新、成长有可期。从而用文化之力成就每一位教师的精彩，助推每一位教师的完美蝶变！

4. 构建德华课程，即泉水滋润德华，自主生长

在德华课程建设中，努力践行"生活育能，成长育行，思想润德"三个纬度，从最细微处做起，重视每个孩子的发展，让孩子们在体验中收获，在体验中成长。研发泉欣体验课程系列（教师岗、管理岗、职业体验、男孩女孩等）、成长三大课程系列（入队课程、十岁课程、毕业课程）、研学课程系列（主题式、体验式、课题式）以及培养志愿意识的泉欣微公益课程……让孩子们在参与中、体验中、实践中、展示中积累认知、激发感悟、增加自信、受到影响。

5. 打造无华课堂，即泉水润无华，智慧生长

课堂是学校教育教学的主阵地，是学生智慧生长的主要源泉。结合生长教育的理念，我们主张课堂应具有生长性，站在"儿童立场"，把学生放在课堂中央。儿童的最大特性是"生长中"，这种"生长"不是赋予的、外加的，而是主体"自觉的、应然的""具有个性体的"。因此，我们的课堂要回归自然与本真，在朴素无华中激发学生的内省和自觉，唤醒孩子的潜能，让学生在教师的引导中生长出智慧和能力。我们尝试进行体验式课堂教学的探索，寻找课内的体验点、课外拓展点、生活链接点。我们努力实现自由生长——营造自主生长的课堂生态；相生相长——解读师生成长的课堂意蕴；互助生长——体现合作生长的课堂变革；共同生长——诠释交融生长的课堂特征。

6. 开发荧华课程，即泉水耀荧华，潜能生长

泉欣小学"荧华"校本课程，注重课程时间的再分配，注重个别化发展，

结合"水清木华"文化，开发满足学生个性化需求和多元化选择的校本课程内容，探索出以体验为主的课程体系。通过"三个一"即"四季诗词""成长日记""活力健跑"及"五大体验场馆"（运动类场馆、艺术类场馆、职业类场馆、科技类场馆、DIY场馆）和"六类领域"社团的打造与研究中，借助"4+5+6"学习实施模式，引导学生在"四季课程"中了解生长的规律、体验成长的乐趣；在"五大场馆"课程体验中，引领学生感受成长、感悟生命的美好；通过"六类领域"的社团选择，满足个性需求，丰富成长体验，提升综合素养。

7. 培养风华少年，即泉水孕风华，多元生长

结合育人目标，我们设立多元化评价机制，采用风华少年的评价方式，明确培养风华少年的教育理念，从德、智、体、美、劳全方位推动学生的多元生长，落实育人目标。即：德华少年——德育，鼓励崇高的精神追求，而不是灌输规范；才华少年——智育，发展好奇心和理性思考能力，而不是灌输知识；英华少年——体验，要文明精神、强健体魄，而不是训练竞技；芳华少年——美育，要培育丰富的灵魂，而不是灌输技艺；荣华少年——劳动，要磨炼人的意志，培养社会公德，而不是体验作秀。

成长是教育永远的主题，也是泉欣最温暖的底色。在今后的教育实践中，泉欣小学将继续以凝华聚心，以妙华筑基，以情华养德，以德华立品，以无华炼能，以荧华展艺，在"让每一片叶子独特风华"的教育路上持续生长。水清则木华，学校将以"共生共长，欣欣向荣"的态势，同心同德谋"欣"事，激燃振奋启"欣"程！

四、心静致远，形动拓新——泉海学校小学部"静动相宜"文化体系阐述

泉海学校小学部隶属于南上山教育集团，是一所于2017年开学的新建学校。能够在集团化办学的背景下诞生，尤其是能够品牌突出、品质前行的南上山街小学龙头校的带领下成长，是学校的福事。作为南上山教育集团中海国际社区的第三所分校，它有着特殊的定位和内涵：一方面泉海学校与泉海小学、泉欣小学同位于中海国际社区，是由实验教育集团与南上山教育集团共同合作的一所九年一贯制学校；另一方面来自同为"泉海"命名的集团兄

弟校的办学突破。在市中区教体局"身心两健、气质独特、心系家国、放眼世界"的市中学子培养目标引领下，结合集团整合传承的理念，泉海学校小学部重新定位"泉"与"海"。

（一）学校文化定位

"泉"与"海"以水汇聚。水以变为生，亦静亦动，才能彰显不同的韵味。而学校将"泉"的宁静深远、"海"的灵动广博与人的"身""心"健康发展相融合，将学校教育指向人身心的健康发展。养身宜动，养心宜静，动静适当，形神共养，才能身心健康。其次，作为位处中间地带的泉海学校小学部，所指向的教育群体相对又比较复杂和丰富。家庭情况的不同、家庭观念的影响，引领学校思考：如何让每个生命得到更适切的发展？我们认为：让每个生命能够得到"适切"的教育，也就是在适合自己的发展区能够动静相宜，收放自如，那么他的人生必定能够增添光辉。

因此，在南上山街小学总校整合思路的引领和辐射带动下，学校明确了培养"静如处子、动如脱兔"的优质学子的培养目标，并由此确立了学校的办学理念是：心静致远，形动拓新。校训：动静相宜，厚积薄发。

（二）学校"静动"文化体系探索

有了这样明晰的办学理念和育人方向，学校就有了一切工作发展的动力和目标，避免了新建校只忙事务性工作、只做规范性动作的低阶起步。

于是，结合学校的文化定位，学校构架起涵盖团队管理、校园文化建设、德育培养、课堂教学、校本课程及师生培养等全方位的"静动"文化体系。

1. 雅静校园，律动生活（打造雅静校园，律动学生的生活）

校园文化建设不仅是学校特色发展的外部需求，更是学校内涵引领的潜在彰显。学校所到之处基本就两个颜色：表示静谧的"玫红色"和表示灵动的"蓝色"。

学校建设与课程相适应的育人空间设计。理念体系墙、"读万卷书、行万里路"、国名国旗研究区、科技体验小长廊等，给学生动静相宜的浸润。在教学楼区域每个楼层和大厅楼梯间都会有一个阅读"静区"，学生课下可以随手静心阅读；而在小操场和大操场上，学生就可以尽情享受动的快乐。结合学校梳理形成的"写一手好字、读一本好书、精一项运动、会一种技能"的"两静两动"特色课程，学校逐步打造楼层主题教室。一楼阅读主题教室系列：古诗词儿童诗、童话寓言、影视卡通、儿童科普,开展主题图书漂流、课程内容拓展和环境打造,让学生浸润书香,形成习惯。除了特色和实用性兼顾的校园文化,还有多功能多区域的阅览室、书法、舞蹈、合唱、美术、烘焙、科学实验、微机等教室。

学校还将继续规划和发展,为学生动静的培养提供更好的条件。

2. 明静管理,顺动发展（实施明静管理,顺动助力教师的发展）

教师发展是学校发展的第一要义。学校寻求明亮透明、自主沉静的管理方式,顺心而为,顺势而动,助推教师的全面发展。自建校以来,传承创新集团的整体工作标准和团队机制,建立了学校的三巡查、三督查等有效机制,建立起"333"教师培养工程,提升教师专业和综合素养。

可以说,作为新建校,学校前几年在教师管理上更多的是"抱团取暖,抱团发展"。在这一点上,总校及各兄弟校给了小学部很大的支持。建校前几年,学校还主要依靠交流教师来整体带动学校的各方面工作。大家工作中,没有太多层级上的观念,刻在骨子里的是大家拧成一股绳、共同解决创业困难的劲头。集团交流的教师可以说一个老师来到这就是一个团队。所有交流进入的老师都要带团组、带徒弟,无私奉献,引领一方。大家之间这种坦诚相待、真诚互助,就是学校发展的源动力,也是南上山集团烙印在每个老师身上的精神。这也是很值得学校骄傲和自豪的明镜管理的魅力和效应。

3. 善静德育,悦动成长（主张善静德育,培养学生的品格,让学生悦动成长）

德以善为先,弘扬中国优秀传统文化和美德,学校从动、静两方面形成纵横交织、多元立体的人才培养模式,构架起"善静"德育课程体系,形成既有纪律的约束,又不阻碍学生天性展放的自由。

（1）主题教育常规课程:主要侧重"静"的行为培养,结合德育常规确立每月培养侧重点,9月常规适应月、10月红色教育月、11月家校沟通月、12月安全教育月……以主题系列化的常规培养课程,引领学生形成基本行为习惯。

（2）综合素养培养课程:主要侧重"动"的行为展示,确立不同活动内容:艺术节、科技节、读书节、体育节、环保节、健康节……,一系列与课程相适应的学科拓展,在人人参与和体验中,引领学生形成综合素养和能力。

（3）节日劳动课程：主要关注"静"态文化和"动"态课程的学习与体验，从文化育人、课程育人、情感育人、实践育人、协同育人几方面，充分挖掘潜在的教育资源，建立起立体式、开放式、全覆盖的网络体系，构筑和谐德育环境，更充分、全面地发挥节日文化的铸魂作用。

（4）综合实践研学课程：主要通过家校社的联动，建立起综合性、主题性、项目式的综合体验课程，引领学生将德育的本质回归生活，形成更丰富、多元的成长经历和课程体验，在研学与体验中感悟生命的力量。

丰富多彩的课程活动中，塑造了学生身心，见证了学生的点滴成长。

4.和静课堂，能动学习（探索和静课堂，师生、生生和谐互动，实现能动学习）

学生是课堂教学的主人和核心。在教学中，学校主张静态养成学生的学习习惯、动态关注学生的灵动思维培养，建立形成自主能动、和谐互助、张弛有度的课堂文化环境，促进学生全面综合素养的提升。

学校传承南上山教育集团课堂教学的优秀管理机制，各校区打通教研时间，定期开展教研活动。每学期会进行分层的课堂教学跟踪听课，明确不同的观测重点。骨干教师引领课：关注"一课一标准"，实现对青年教师的课堂立标。新教师成长课：关注"一轮一重点"，实现对新教师螺旋上升式的点滴促进。青年教师研讨课：关注"一课一亮点"，实现对教师专业的把脉提升。还有年级共同研究的"静远杯"探索课，关注"一课一主张"，实现对"和静"课堂的学科实践与丰富。在一轮又一轮的研究实践中，教师个体与教研群体之间产生了相辅相生共赢发展的局面。

5.乐静课程，燃动梦想（研发乐静校本课程，从静、动两方面，每个老师可以结合特长进行社团课程设计，燃动学生的梦想）

学校校本课程同样围绕"动""静"两方面，结合"一支笔、一本书、一种技能、一项运动"四个特色方向来设计。通过教师专长竞聘、师生互评互选、社团组织招募等流程，采用校级社团试岗混合和班级社团年级走班等形式，为学生提供多样化、特色性的素养浸润课程。从运动场上的拼杀，到书法课堂的沉潜……这样的动与静，带给孩子不一样却更完整的成长体验，让学生在快乐的体验中收获成长，在多元的选择中燃动梦想。

6.静远教师，韧动追求（要做静远教师，能够做到"静时如莲，暗自芬

芳；动时如火，暖彻心房"，用我们的坚韧去韧动教育的追求）

静水流深，动必缘义，教育本身就是潜移默化感染和浸润生命的过程。学校鼓励教师能够做到"静时如莲，暗自芬芳；动时如火，暖彻心房"（教师精神），发掘教师自身的"内驱力"，静之于心、动之以情、晓之以理，韧动追求，成就自己的教育人生。结合新建校教师团队年轻化的实际情况，老师们自主组织建立以新教师培训学习为主的"静远"启航社、以青年教师阅读交流为主的"静心"读书社、以骨干教师课程研究为主的"静思"学研社，伴随三个学研共同体发展平台的搭建和形成，教师发展内驱力得以激发，成长生命力得以提升。

7. 静好少年，灵动绽放（培养静好少年，让他们能够快乐发展，灵动绽放）

学校致力于培养"静如处子，动如脱兔"的"静好"少年，就是学生既文质彬彬，有谦谦君子的文明儒雅之气又不失青少年时代应有的生龙活虎与朝气蓬勃。

学校采用"静思"和"悦动"两方面来个性化评价学生，并结合动静相宜的"静好"少年的评选，通过"崇德章""启智章""雅行章""乐动章""博艺章""善劳章"的争章活动，促进学生成为知行合一、动静相宜、适应时代发展的优秀学子。

静好少年的培养渗透在每一个活动、每一类课程、每一次评价中。如：为庆祝新中国成立 71 周年，激发培养学生的爱国主义情怀，学校通过聚焦一个点塑造学生优美身姿。辐射两个层面："静享"课堂塑身姿，"悦动"运动会展体魄。发动全方位，动员所有学科执教老师帮助学生以优美身姿塑造独特气质，以学生的健康体魄，向祖国母亲致敬。

文化体系的建设和不断完善给学校的发展指明了方向，就像学校工作的指明灯。"心静致远，形动拓新"。泉海学校小学部在南上山集团的浸润与培养下，带着团结奉献、踏实前行的烙印，全体师生抱团发展，在动静之中，享受生命成长的过程，携手走向更加美好的远方。

五、幸福教育，儒雅人生——九曲小学"博雅"文化体系阐述

济南市九曲小学原是一所农村学校，2013 年 4 月，伴随市中区集团化

办学的成立,它作为一所兄弟校,加入了南上山教育集团,由此走向了规范办学、特色发展的全面提升阶段。结合九曲小学原有的办学基础及特色,九曲小学的领导老师们,将陶行知先生的生活化教育理念融入办学定位,坚持走经典文化传承之路,关注学生未来发展,用小学教育为学生一生幸福奠基。

（一）学校办学定位

1.办学目标:生活化教育

生活教育理念是陶行知先生教育思想的精髓。陶行知先生作为近代历史上的教育家,倡导"生活即教育,社会即学校,教学做合一。"在他的教育实践中,始终把生活教育理念放在非常重要的地位。"要解放孩子的头脑、双手、脚、空间、时间,使他们充分得到自由的生活,从自由的生活中得到真正的教育。"陶行知的这句至理名言诠释了生活教育理念的内涵和作用。让教育真正贴近生活,走进生活,才能摆脱教育与学生生活脱节的社会现象,所以我校将学校的办学目标就定位为:让教育走进生活,做生活化教育!

2.办学理念:构建幸福教育,奠基儒雅人生

什么是幸福？相信每一个人都有自己的幸福答案。但简单即幸福,相信这应该是大家的共识。生活中的每一个个体都应该是自由、自信、阳光的。那如何让我们学校的教育凸显这些特质呢？于是在生活化教育办学方向的引领下,我们有了自己的办学理念:构建幸福教育,奠基儒雅人生! 幸福的教育就应该让师生享受教育的过程,发现自我存在的美好价值! 儒雅人生就是不断丰富自身综合素养,提升做人质量,让自己的言行成为生命中优雅的一道风景线。

（二）学校"博　雅"文化体系探索

美好的理念可以成就美好的人生,办学理念有了,如何进一步推广落实就成了我们新的思考。只有切入点找准了,好理念才有可能得到好落实。几番推敲,我们将学校的核心理念确定为"博　雅",并建立起特色文化体系,引领学校特色发展。

"博　雅"取渊博雅正之意。博我以文,约我以礼,行我以雅。"构建广博的知识,传承经典的文化,践行儒雅的修为"就成了我们的办学品质追求。教学核心理念为:博以求精。德育核心理念为:雅以育人。教师文化:激情工作,诗意生活。学生文化为:雅艺双馨,德才兼备。学校将努力打造幸福校园,使步

入校园的每一个师生,都能在"博 雅"理念的熏陶下充分感受教育的幸福。

1. 学校使命:育文雅之人 做儒雅之事 创典雅之校

这是学校办学宗旨的简单诠释。人才培养规划为:育文雅之人。活动载体为:做儒雅之事。环境文化建设为:创典雅之校。突出一个主题"活",形成一种氛围"静",达到一个目标"雅"。

2. 育人目标:雅艺双馨 德才兼备

雅艺双全,全面落实素质教育;德才兼备,培养社会合格人才。

3. 校训:志远行近 厚德重道

树立远大的志向,从身边的小事做起;拥有海纳百川的品德修为,更要注重方法的选择与运用。

4. 教风:博以求精 雅以育人

走出传统教育的禁锢,还学生自由自主的空间,用广博的思路培养学生良好的习惯;用丰富的文化积淀在潜移默化中影响学生,改变学生的价值取向,进而实现育人目标。

5. 学风:博学慎思 阳光自信

让学生用活跃的思维、谨慎的态度对待学习和工作,让学生如阳光自信生活。

6. 校风:团结向上 全面发展

团结向上:真诚协作友爱互助;积极进取共同进步;尊师爱生上下一心。

全面发展:志远行近务实求实;积极探索自主创新;努力成才教学相长。

7. 战略定位:规范化特色化和谐型 学习型的学校

规范化:指学校内部管理的规范化、精细化、科学化。加强符合现代化管理的制度建设,使学校制度更趋向规范、科学、合理。对人的管理更趋向人文和以人为本,评价更趋向于全面、科学,对教学的管理更趋向于鼓励"创新、有效",对物的管理更趋向于实用、节约。

特色化:学校的特色发展是一所学校的立校之本。校有特色,方能使学生学有所长。只有特色创新,学校才能赢得发展,只有拥有特色,学会创新,学校才会形成自己的品牌。学校要发展就必须拥有创新意识、特色发展意识。所以,学校要积极鼓励教师在教育教学方面大胆创新,培养学生的创新意识,形成一支创新型的教师队伍,建立创新型的学校,开发自己的特色发展之路。

和谐型：指学校内部氛围和外部形象的发展取向。即人与人、人与自然、学科与学科、人才发展的各个方面的和谐发展，校园文化与所在区域的外部环境和谐发展。形成一支团结和谐的团队。

学习型：指学校师生知识价值取向，即通过建立激励机制，鼓励师生多读书，向书本要知识，鼓励教师向专家、有一定特长的教师请教，鼓励教师多学习、多积累，总结自己的经验，尽早建立起一支学习型的教师队伍，为学校发展奠定基础。

8. 发展理念：夯实基础，实现腾飞

在办学过程中使教育理念不断得到锤炼和提升，以坚实的理念，立足于高标准、高质量、高品位，开拓创新，使学校向着美好的明天展翅腾飞。

9. 教育理念：以人为本、发展为先、创新为魂

以人为本：就是珍视人的价值，尊重人的情感，开发人的潜能。实行人性化的管理和教育，创建和谐、民主、充满活力和凝聚力的人文环境。

发展为先：即具有超前的发展观念、清晰的发展思路、科学的发展举措、不竭的发展动力，实现学校跨越发展和可持续发展，促进教师的自我发展，为学生终身发展奠定基础。

创新为魂：创新即特色，是学校保持竞争力、生命力的关键，体现在教育理念、办学机制、管理体系及教学方法手段、内容的创新，注重对学生创新精神和实践能力的培养。

10. 管理理念：人本原则与和谐灵活统一

实现"规范管理、幸福教育、特色发展"是我们的管理目标，为实现这一目标，我们确定了人本原则与和谐灵活统一的管理理念。以科学与时俱进的制度为依据，掌握适度灵活，体现和谐人性化管理，激活师生教与学的最大积极性。

11. 服务理念：真诚和谐

学校的服务对象是学生和家长，真诚和谐是全体教师都应遵循的理念。真诚和谐体现的是爱心、态度、方法和水平，用此理念规范我们的服务态度，才能做好各项工作，赢得社会、家长的信任。

12. 行为准则：恪尽职守，爱生敬业

忠实于党的教育事业，具有高度的责任感和事业心，敬业爱岗，以精细精

修的工作态度,尽职尽责,并形成良好的行为基本规范。

13. 学校精神:自信 自强 跨越 创新

自信:让教师神采飞扬;让学生健康向上。

自强:让不甘落后、努力拼搏的精神在每一个师生身上充分张扬。

跨越:跨越困难,享受成功;跨越自我,迎接新的朝阳。只有拼搏才能向上;只有拼搏才能实现理想。

创新:有创造才有发展,有创造才有希望;有新意就有机会,有新意就不会失望。

14. 学校口号:让我们因努力而无悔,让九曲因我们而骄傲。

第二节　共绘集团教研文化图谱

随着集团逐渐发展与壮大,为保障教学质量的均衡发展,"集团教研"成为落实规范办学、实现资源共享、凝聚教学智慧、提高教学实效、提升绿色质量的重要渠道。南上山教育集团在共融发展原则的支撑下,始终以龙头校作为引领,发挥各校区优势,在统筹协作中,实现"四统一":统一教研时间、统一教研主题、统一教研内容、统一教学循序,从而形成了一系列集团标准化的教研运营机制、实施路径,并突显出各校区的课堂教学品质、教研特色,结出在区域内具有一定影响力的学科品牌和教学成果。如出版著作《整合教育的实践探索》《重厚粹美:文化育人的理论与实践》,一项国家级"十三五"课题结题,三项省级课题结题,《"一根三育六生"滋养课程群的创建与实践研究》《基于核心素养的"三维同心"拓展刻成的实践研究》分获市基础教育教改成果一、二等奖,总校语文学科获"市教学示范校"称号,九个教研组获得市中区优秀教研组等,形成了令外人瞩目的教研风向,而这背后隐藏的是教研的本真与智慧、教研的思索与追寻,让我们一起走进它,一起聆听教研的心声……

一、教研机制策略探索——文化培育　同气连枝

集团教研是集团化办学最内涵最本质的一种资源共享,优质的教研共同体会发挥研究价值的最大化,实现更大的辐射带动作用。我们的教研始终围绕一个中心:实现质量提升,为均衡优质的质量而研,并提出了"文化培育""机制保障""效能转变""任务驱动"四大集团教研运行效能提升策略,促进教师能力和教育质量的均衡发展。

(一)建立集团教研机制作保障

双线并行机制:

双轨融合指:走校教研+在线教研。集团开展了多层次的走校教研活动,主要是龙头校与成员校之间的走校。集团内骨干教师和青年教师相互走入对方课堂,通过教师之间、校际的交流互动,产生资源整合、优势互补、互共生的效果,加快了教师队伍和教研团队的共进。同时,我们采用网上在线教研的机制,提高了教研时效。

共享互补机制:

借助集团教研,我们通过三项分享实现三类互补,即:一享优质专家资源,专家资源采取校区流动的形式,集团各校区共享。二享骨干教师团队,集团骨干教师团队你中有我,我中有你,我们将各校区骨干教师以集团教研的方式让这部分骨干力量以一种研究的姿态"重聚",发挥研究价值的最大化,实现更大的辐射带动作用。三享优秀教学成果,教学成果的申报评选,各校区均参与,共同学习提升。

通过三享实现三补:一是补集团研究力,聚力深化研究深度;借集团各校区教学品牌的推介和评选,提升研究。二是补集团创生力,互促提升研究特色。三是补集团校际差,合力提升研究水平。几所新建校,发展不同,集团教研更为关注个性的发展。

(二)培育集团教研文化促动力

1. 文化培育,形成集团教研文化

文化是集团学校的灵魂,它凝聚了教师个体和教师团队共同的价值观、共同的信念、共同的信仰。而我们集团将教研共同体定位在教研集群的建设。拥有共同价值取向的教师,围绕具有情境性的共同主题,共同致力于问题解

决的正式或非正式组织。文化培育下的集团教研使老师们不自觉地形成一股绳，我们提出了"包容开放、学术互补、协同共进"的教研文化。开学初进行集团业务领导心理破冰拓展活动，实现教师研究由分散到合力的转变，达成一致的共同愿景，形成奋斗目标，成为推动构建教研组共同体行动的内在动力。

2. 任务驱动，开展深度多元教研

在集团办学背景下提升教研组运行效能的过程中，任务驱动是最有效的载体。通过专题引领、聚焦主题，开展有一定深度和广度的多元化教研。

一是集团以"课标教材解读"为载体，打通年段联系，提升教师学科素养。教研活动应该站在更高位的角度，引导教师打通年段之间的联系，从学科发展的角度出发来研读课标教材。如集团语文学科以"四年级下册第7单元"组织集团的教研活动，分为"研读""磨课""赛课"三个阶段，达到以研促教。

二是集团以"小专题研究"为载体，聚焦课堂真问题，提升教研活动效益。以课堂观察为依托，让学生站在课堂的正中央。赛课过程中，聚焦学生学习兴趣、学习思维、学习品质、学习习惯，研究"更儿童"的课堂教学，让学生站在课堂正中央。

3. 个体突破，学术提升多层面教师专业化发展

集团关注多层面教师学术提升转变。如：借助各学科集团教研课题，依托集团组长研习营提升教研组长核心素养，培养教研组校本引领力量。通过菜单式培训，理论与实践相融的"循环"式培训，提高了教研组长学术引领力量。依托集团学科中心组提升学科骨干教师专业素养，培养教研中坚力量。以课例为载体开展研究，加以突破，在研究过程中发现自我，带动辐射全组。依托集团青年教师成长营提升青年教师教育教学基本功，在参与中获得成长。

（三）转变集团教研效能求突破

集团教研关注效能转变，通过自我突破、团队突破、课题突破，实现两个转变：首先是由龙头校输血式教研，向成员校自带动能融合教研转变，即打破以往总校送课学习、成员校旁观感受和一校主场、联校参观的教研模式，转变为通过项目研究推动式的融合参与教研，真正体现大家好才是真的好的集团共好理念。各校区自我突破，实现了内生式发展。其次是由各学科教研组研究为主的单一形式，向研究集群转变，助力各校区研究走向深入：一是，建立起以各校学科主任为主、骨干教师参与的集团学科学研群组，深入研究课堂教

学,为学生的深度学习助力;二是,集合研究相同专属课程主题的教师组成专属课程集群,形成研究合力,聚焦打造集团风格教师,一批优秀学科教师脱颖而出。教研形式突破,实现了教研集群教研水平整体发展。

集团教研是推进教研深度的重要平台。我认为,集团教研不是原有的特色削峰填谷,而是各校区研究水涨船高;不是简单地组合学习,而是主题融合参与。教研需要内力与外力相结合,外力是机制、任务,内力是文化,文化培育,同气连枝。更值得一提的,集团领导的智慧管理,从集团理事长到集团各部负责人,精诚合作,关注集团教研,给方向,给指导,随时跟进,给平台,给空间,集大家所长。正是有了这样的氛围和机制策略,南上山教育集团的教研运行效能得以最大化实现,有效促进了教师能力和教育质量的均衡、优质、特色发展。

二、教研路径优化实施——供需共享　联动发展

集团在"整合理念下,提升教师课程领导力的实践研究""十三五"研究课题的引领下,逐步探寻教研模式的架构与运营,随着核心素养下"四养"整合式课程体系的探索与实施,集团教研实现了课程改革理念的落地,学生核心素养的培养,以及集团各校区教学特色发展的需求。为了打造集团专业教师团队,促进集团整体教学水平的提升,加快品牌创建发展的步伐,集团在教研内容、主题、形式等方面积极开展研究,着力于标准化最优化的实施路径创建。

(一)"四式"联动,赋能集团教研

教研的目的不在于验证某个教学理论,而在于"改进""解决"教学中的实际问题,提升教学效率,实现教学价值。集团之间的教研要想不谋而合,必须实现教研主题及内容与集团办学思路的精准对接,与各校区文化与特色相一致、相映衬,因此,集团形成了基于不同层次教师发展需求的"四式"联动教研模式:

1."引领式"教研:龙头校在多年的积淀中,先后成为首批全国中小学优秀传统文化艺术传承学校、全国"数学文化"实验校、山东省教学示范学校等,这些荣誉为集团教研发展搭建优质平台,造就了各校区打开校门,迈向更高研究水平的机遇。借龙头校教研实力的引领协助,各校区打破闭门造车和校内自研状态,不断创造名师、骨干教师参加跨省市区域性研究展示的机

会,形成辐射带动性的教研氛围,拓宽了教学研究的视野,延伸了教研的广度和深度。

2. "团队式"教研:集团教研的最大优势是以团体发展为导向,让更多优秀的人聚集在一起,成为巨大的推动力。因此,集团以"书香浸润"为主线,总校牵头首创"南朔"工作室,各校区紧随其后,先后成立"悦水工作室""欣研工作室""静心读书社",从核心区域向外延展,构建起具有集团内生力的工作室集群,从而以名优教师工作室的建设形成场域与辐射,形成共同发展的愿景,开展一系列活动,如"百家讲坛、团队论坛、达人学坛"三类论坛。百家讲坛侧重于教师个人读书感悟;团队论坛侧重于教师集体论书;达人学坛侧重于引领学生展示自我。各校区在认领机制的鼓励下,打破以往旁观感受和一校主场的教研模式,转变为人人参与任务分工、百花齐放共研主题的教研形式。

3. "菜单式"教研:为了使集团教研的内容实而准、少而精,真正实现共研的价值,在集团教研中我们注重按需定制,提升教研层次,不泛泛而论,不走形式主义。因此,集团以"破解教学难题"为调研依据,征求广大集团教师意见,围绕教材解读、课堂实施、课程研发、学生素养四大类,制订教研规划,直击问题,并寻求专家资源,与高校签订合作协议,定期邀请专家进校园,开展专题研讨,打破碎片化、大众化、粗放型的随机教研,针对集团的课题研究、项目推进、成果提炼等进行培训指导,提升集团核心研究团队的专业能力,高位引领让教师突破旧经验框架,呈现育人理念的巨大变化。

4. "共建式"教研:集团学科发展是集团教研的发展目标之一,学科建设水平的高低直接影响整体教学质量,决定集团教研品质。因此,我们把"同学科同主题"的集团共研以及"跨学科同门类"的集团共研作为发展的突破口,集团各校区共同创建语文学科"传统文化"群、数学学科的"数学文化"群、英语学科"单元整合"群、跨学科的"学科+"群、"劳动教育"项目群等,打破以集团各学科教研组研究为主的单一形式,聚集跨界领域的教研中坚力量,激发学科融合的教学智慧的思维碰撞。

(二)"云端"联动,形成教研磁场

集团为了增强各校区教师抱团发展的意识,增强新老教师的专业帮带能力,保障集团各校区的均衡发展,实施云计划,包括"云教研"和"云资源":

1. 最短距离"云教研",实现专题共研:随着集团教研的深入发展,区域带动的优势逐渐显现,教研的需求随之增多。集团为了节省时间,满足需求,提高教研效率,以"云教研"的形式缩短集团教研的"最后一公里"。每月集团新教材展示课、专家定向指导、教研群组研讨等均通过云平台,进行异地同课观摩、主题研讨等活动,给集团内各校区搭建磁性的场——问题场、共享场、交流场。如集团数学学科开展"课堂聚思维 云生教研情"的"云教研"活动,通过集团云教研平台的建设,进行"新教师授课、团队说课、教师评课"等多项教研内容,碰撞校际对学科教学的思考,对新教师教学的指导性意见和建议,缩短了各校区学科教研和教师培训的线下距离,提高了教研评课的时效性与互动性,带动各校区教师的专业提升。

2. 最强大脑"云资源",实现案例共享:在多媒体技术发达的今天,如何将教研的成果转化为共享的资源,已经不再是技术类的问题,而是教研存在的意识形态问题。作为一所集团校,其庞大的多元的研究样态,为资源的累积与筛选提供了肥沃的土壤。因此,集团将"微课"研究作为切入点,征集各校区资源,形成集团的"云资源"网,既有助于提升教师专业素养,又能最终受益于学生。在集团的统筹安排下,各校区在每学期均组织教师及时制作微课,共同评议,互动分享,甄选优质资源,进行上传,形成集团微课资源库,丰富教师教学案例。如在 2020 年疫情期间,集团共同研究,在线上推进"轻量型课程"和"自主型课程"上千节,如语文"成语接龙""快乐阅读""古文赏读"等课程,数学"数学文化""数学游戏""实践应用"等课程,其课例都体现较强的互动性、参与性,实现了动手操作、实践探究等多样的学习方式,在陶冶情趣、体验乐趣中满足学生个性化需求。在集团推出 200 余篇微信宣传,反映了广大学生及家长对"居家趣学"线上课程的认可和好评。

(三)"质量"联动,回归育人本位

质量是教研永恒的主题,作为集团校更是将质量立校作为立根之本,引领集团教师从"学科本位""知识本位"回到"育人本位",共同解析学科的核心素养,共同探索如何让学生的必备品格和关键能力真正落地,实现从"研教"走向"研学"。

1. 找准课堂教学研究点。集团各校区课堂要坚持以"学生的学"为中心,继续打造各校区课堂特色。如:总校的"整合"课堂,泉海的"拓展"课堂,泉欣的"体验"课堂，泉海学校小学部的"动静"课堂。各校区的新教材展示课凸显以"学生的学"为中心的教学模式和教学策略。如语文学科以"聚焦语文要素，提升阅读素养"为主题，以"1+X"课堂教学模式撬动课堂深度变革，进行课例展示、学术论坛、读书论坛展示；英语学科以"单元整合，语境创设"课题推动课堂深度学习；体育学科以"促新教师成长，享成功之经验"为切入点。并召开集团五年内新教师体质监测观摩分享会，助推集团学生体质水平均衡发展。

2. 找准教学质量评价点。集团定期开展"教学质量"分析会，有针对地进行集团测评，组织教师进行命题培训，反复研读课标、教材，教师自主命题建立素养题库，并进行两轮的命题测试，在推敲命题类型、命题内容中，提升对学科教学的认识，增强对学生学科素养的培养。分析会以素养调研为主题，从试题分析、暴露问题、错题分析、努力方向等几方面深刻反思此类命题的特点，以数据说话，找差距寻策略，在互通有无中，正视了学生暴露的问题，找到今后改进的方向：努力提高学生对学习的兴趣，夯实基础知识，紧密联系生活，增强集团各校区质量意识的树立，质量发展水平提升。

我们把集团教研作为品质提升的关键，不仅借助专家的指导力量，借力名校的优质资源，更多的是凝聚集团的研究智慧，以团队建设和项目式学习推进教学特色研究，促进集团品质教育的提升与落地。多年的经验告诉我们，集团的发展不是某一个校区的走向问题，而是多所学校携手并肩，共同前往的路径。捆绑式的教研无法适应校区的个性发展，只有共需式、愿景化的才是集团教研的真正样态，为了实现这一目标，我们将会一直不断地努力……

三、课堂教学特色发展——以"整"为谋　多维表达

在多年良好教研机制运转和教研路径的实施下，集团紧紧围绕"均衡发展"的教研理念与工作思路，积极建构"能动研修"的集团教研新样态，立足课堂教学的阵地，发挥集团总校"整合"课堂的高位引领与辐射带动作用，逐步凸显各校区的课堂教学特色，引领集团课堂教学研究一步步实现新的跨越。

（一）以"整合课程"架构，落实核心素养的培育目标

正如《孙子兵法》云："以谋为上，先谋而后动。"集团理事会在核心素养的新常态下，通过顶层设计、统揽全局：2016年9月，课程开发校内论证会

在南上山总校会议室召开；2016 年 10 月，集团一行六人赴齐鲁学院拜访专家论证课程；2016 年 11 月，课程开发中心自上而下扩充研究人员，初探实践；2016 年 12 月，集团"整合式素养课程"在全区进行课程推介。根据集团办学理念，经过反复论证，构建起"四养课程"的整合体系，做出了《中国学生发展核心素养》的校本化解读，为集团核心素养在课堂教学中的落地保驾护航。如"四养课程"中"民族底色"和"现代素养"为两翼架构目标体系，将核心素养具体细化为六大要素：

　　　　乐学善思　明理立身　乡土情怀

　　　　科学思维　尊重规则　国际包容

　　横向看，"乐学善思　明理立身　乡土情怀"细化的是民族底色的培养目标；"科学思维　尊重规则　国际包容"对应的是"现代素养"培养目标。纵向看，又包含核心素养的三个领域："乐学善思、科学思维"落实文化素养目标，注重科学性的原则；"明理立身、尊重规则"落实个人修养目标，注重时代性的原则；"乡土情怀、国际包容"落实社会素养目标，注重民族性原则。

　　在此核心素养的引领下，初步建立了"核心素养下课程整合模式"，设置"学养、习养、修养、滋养"四大课程模块。

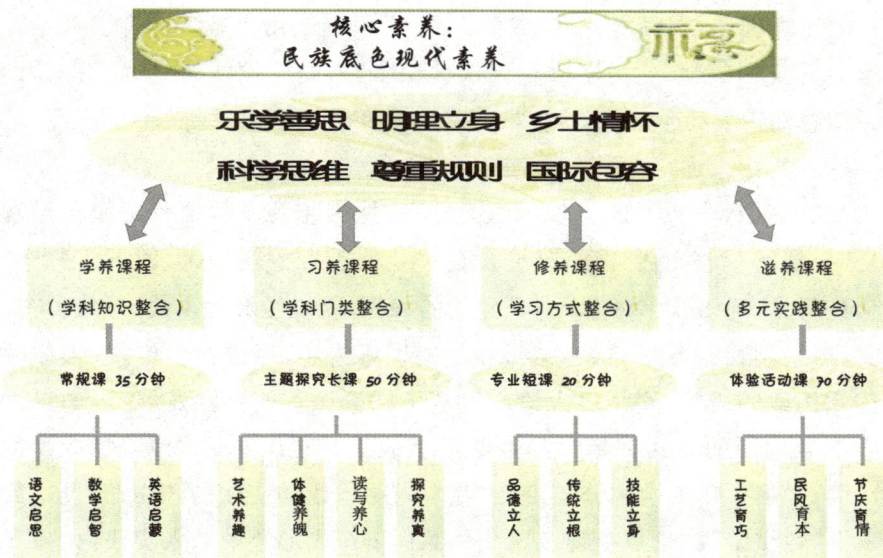

图二　南上山街小学核心素养下课程整合模式

（二）以"课堂特色"创生，呈现融合发展的多维表达

朱熹认为：要贯通，必须花工夫，格一物，理一事都要穷尽，由近及远，由浅而深，由粗到精。集团各校区的课堂经过自主研发、课例积淀，都呈现出格物致知的独特魅力。

1. 最具"内涵"的南上山"整合"课堂

南上山街小学的"整合"课堂以融合"人文精神"与"科学精神"为方向，通过重整教学内容、重塑教师专业、改进教学方式，在培养学生艺术涵养、民族情感、文化自信等方面，形成具有区域推广价值、具有可移植复制性的特色体系，它以"整合的思维"来全面把握育人目标，培育学生成为完整的人，以"整合的模式"来进行课堂教学探索，促进师生的综合素养提升。

（1）异中求同，重构知识链条的统整

"学养课程"重新梳理课程标准的基本框架结构，从知识点、知识面、知识线入手，进行单元组统整，把知识整合为相互衔接、立体交互的课程内容，形成"三步学习"即"整体感知—比较探究—拓展提升"的整合模式。例如语文学科通过知识整合深入挖掘每篇课文"内容异同点、情感共鸣点、表达相似点，教学创新点"进行单元整合教学。并实施"三步并进，螺旋上升"的整合教学思路，即自主预习，整体感知，生成启迪；比较阅读，引领探究，生成感悟；拓展训练，回顾提升，生成能力。让教师渐渐由"教"变为了"导"，实现学习方式的统整，生成了"整体认读识字、横向比较阅读、纵向深入思考、单元构建知识"的学习能力，促核心素养在课堂中落地。

（2）异中求通，寻求多元渠道的统整

"习养课程"以"跨界"思维为路径，探索相关学科课程资源和元素的整合，开展跨学科主题课程活动。创建了"四季"主题、六大领域、三个维度的项目研究。例如以"海量阅读"建构的课程，就以经典为主线，形成"古诗、古文、成语、童话、儿童诗、群文阅读"的课程内容，通过自主申报、集体教研和体系构建的统整，实现"大语文"观下阅读课程的内涵发展。再如以"说数学"结构图的方式训练学生数学语言表达和逻辑思维能力，并将数学的"数"与"形"作为两大分支。在"数"中融入数学文化的产物，开设"数字故事""数字游戏""数字趣谈"三种课程；在"形"中融入实践内容，开设"图形的组合""图形的变幻""数形重整"等课程，以此实现从模式化的语言训练向拓展学生数学思维、培养数学品质的转变,并培养学生动手能力和空间想象能力。

（3）异中求融,实现课程融合式统整

"修养课程"倡导探究、体验、感悟的学习方式。重整教材,多资源整合;改进策略,多渠道整合;系统训练,多序列整合。创生了"围绕一个原点,撬动X个支点"的"1+X"的育人方式。例如学校为学生设计了"方兴未艾""春生夏长"——"四季主题课程"之"春芽"实践课程,让学生在春天的氛围里感受生命的萌动,用自己的眼睛发现周围的世界。其中的"春芽"篇章,选取春季"二十四节气"时令中的"春分"作为课程主题,由看春天、说春天、赞春天三部分组成,引导学生欣赏美、感受美、表达美、歌唱美、创造美。

（4）异中求合,实现课程文化的统整

将"滋养课程"提炼出三类课程内容:一是工艺育巧课程,通过学习民间工艺,感受艺术魅力;二是节庆育情课程,通过体验节庆文化,培育民族情感;三是民风育本课程,通过了解民风民俗,树立民族精神。以此构建研发了"天工""天籁""天香""天心""天翼""天骄"六大类体系,八十多个学生社团,建立走班选课制度,满足学生适性成长发展的需求。

2. 最赋"灵动"的泉海"拓展"课堂

拓展性学习是一种更关注学习过程的学习方式,更关注学生将运用怎样的学习方式来面对未来的学习。泉海小学依据"教学随水而动"的课堂文化理念,架构起泉海小学拓展性学习研究体系,以文本类拓展与实践类拓展为载体,在课堂组织的变化、资源基础的综合运用中,拓宽思维发展、拓宽学习方式,实现学生素养的综合提升。

（1）"情感契合",于拓展中浸润

在"语文启思"课程中,更突显以学生为中心、多元联动的学科间整合思路。建立"语文课程群",体现以课本为"核心",在其"外围"进行学习内容的拓展与学习渠道的拓宽。如围绕"阅读素养评价研究",深化开展聚焦"文体教学研究"、聚焦"策略单元研究"、聚焦"整本书"教学研究,形成了"1+X"的课堂教学模式,从读懂一篇到读通一类文章的意义,从而在深刻把握文本结构、内在规律的学习过程中培养比较思维、求同思维、求异思维、聚合思维等高阶思维。

（2）"生活联合"，于拓展中阔宽

在"数学启智""探究养真"等课程中，注重课程内容与学生生活视界的整合，从课程内容生活化、数学活动生活化、课堂环境生活化、评价迁移生活化四个层面，关注学生在课程学习中生活体验的阔宽。如，在数学与生活课程上，设置游戏体验情境——掷色子，让学生在一步步大胆猜想中探索概率的奥秘，培养学生的发散聚合思维。科学与探究课程中，以解决动画片汪汪队救援中遇到的困难为问题情境，让学生在模拟现场中探究瓦楞纸的特性，从而解决生活中类似的问题，培养学生的问题解决、决策思维；在美术与设计课程中，以解决为你身边的人设计鞋子为问题情境，引导学生设计符合不同人群、不同特点、有创意的鞋子，培养学生的创造性思维；信息技术课《遇见流星雨》，以长征三号乙运载火箭发射真实情境为依托，通过分层任务提供给学生体验完整学习过程的机会，力求让每个学生按照自身的学习进程自由自主地寻求解决路径。借由课上探究、体验、表达，实现"认知内化、实践生成"。

（3）"文化融合"，于拓展中延伸

在"英语启蒙""体健养魄"等课程中，注重不同文化层面的融合，从中西方文化间的融合、科学与人文文化间的融合、个性与共性文化间的融合三个维度，关注学生在课程学习中对不同层面文化交融的感知。例如英语启蒙课五年级上 Unit 4《What can you do?》尝试基于语言意义而进行单元整体教学设计，从情景创设和语言输出过程都贴近学生生活，听说读演到写也遵循了第二外国语习得的发展规律，学生的英语技能不断地拓展延伸。再如体育课程建立了"传统＋新兴"并行的"特色体育项目"课程体系。传统即基础体育项目，如：足球、篮球、乒乓球等。新兴体育项目即国际化体育项目，如：击剑、网球、高尔夫等。在学习过程中，除了提高体育技能和身体素质之外，我们还将国际视野培养下的体育精神、国际礼仪融入课堂中。

3.最具"生长性"的泉欣"体验"课堂

泉欣小学站在"儿童立场"，把学生放在课堂中央，摸索"体验式"课堂的有效实施，探究体验式课堂的建构，不断学习与建构开放、和谐、动态生成的综合体验课堂，将课堂的每一分钟作为师生共享的生命体验历程，从而彰显孩子的个性，丰富孩子的精神世界，让课堂焕发出生命的活力。

（1）搭建生活链接点,融通中实现智慧生长

在"四养"课程实施中,通过课内体验点整合学习内容达成目标训练；通过课外拓展点整合学习资源促进整合思维形成；通过生活链接点整合多元实践培养能力品质。三者有机结合,让学生在教师的引导中生长出智慧和能力,实现师生的共生共长。例如音乐课堂老师们积极引领学生在音乐活动中进行体验：《理发师》在表演中体验,先模拟表演再学唱；《火车开啦》《小青蛙找家》在游戏中体验；《小雨沙沙》《放牛歌》《理发师》在节奏中体验；打击乐器为歌曲伴奏,欣赏《采蘑菇的小姑娘》《陕北秧歌》《星光恰恰恰》在律动中体验。

（2）探寻课外拓展点,引思中实现视阈生长

习养课程实施中,探索项目式研究。如：通过教师经典诵读、儿童诗、海量阅读等专属课程的研发,整合教学资源,拓展"读写养心"课程外延。引导学生在"四季课程"里习得能力,在"国庆、中秋"等主题课程中修得思想,促进师生学科综合素养的形成。如在"阅读导读课"中,老师们根据班级学生特点精心挑选阅读书籍,在系列丛书《不一样的卡梅拉》《贝贝熊》《花袜子小乌鸦》《小乌龟富兰克林》《丁丁历险记》《西顿动物记》《神奇校车》中激发了学生阅读的兴趣；在"阅读交流课"上,老师们精心指导学生阅读书籍,交流心得体会感悟；"成果展示课"中,老师们搭建阅读交流平台,提高了学生阅读成就感、喜悦感,鼓励学生尝试参与绘本的创作,尽情地通过语言和绘画表达自己,有的是故事续编,有的记录生活点滴,有的描绘梦幻空间；有洞洞书,有翻翻书,有立体书,还有游戏书,在自己独立完成的基础上,创作"小欣叶"心中的书。

4. 最具"儿童性"的泉海学校小学部"动静"课堂

泉海学校小学部作为建校时间最短的校区,结合"静动"文化和育人目标,梳理形成了"两静两动"课堂特色,以此拓展学科教学的外延,质量评价得到总体提升。

（1）拓展特色外延,实现学生"静"态学习习惯的养成

将特色课程融入学科教学,将学科教学走向特色外延,开展"写一手好字、读一本好书"的静态课程：专设"阅读课""写字课",关注"读写"姿势,塑造优美身姿。配备主题读物,开展阅读课程,培植精神内涵化,引领学生生

命成长，借助"21 天读书习惯养成、一日三段读、师生一对一、亲子享乐会"等形式共读好书、会读书、乐读书。"晒书单，诵诗韵"古诗词实践活动、古诗词大赛等，丰富孩子们对古诗词的积累与涵养。"最美中国字"活动，展字、晒字、评字、赏字鼓励同学们写好中国字。学科教学的拓展延伸与特色课程的打造交相呼应，提升了学生在"整合"课程中的受益度。

（2）凸显特色方向，促进"动"态思维品质的发展

学校校本课程同样围绕"两静两动"的特色课程延伸设计。通过构建泉韵·书泉律、泉润·读泉册、泉涌·塑泉劲、泉滋·展泉艺四个板块，将"静·动"元素贯穿其中，引领学生在知识中徜徉、在实践中悦享、在研究中蓄养、在展示中释放，为学生提供多样化、特色性的素养浸润课程。

（三）以"教学方式"改革，支撑特色创建的专业力量

课堂特色的创建体现的不仅是课程内容的整合、课程时间的整合，更体现了人与课程的整合。因此，集团在课堂教学特色的创建之路上，本着"共融共好，各美其美"的原则，设计并改进"整合"课堂别具特色的实施路径与教学方式：

1. 面向学科知识，我们以"统整"建构立体交互的课程内容。教研组重新梳理课程标准的基本框架结构，研制和确立各学科的核心素养及内涵，从知识点、知识面、知识线入手，进行知识统整，建构立体交互的课程内容。例如数学"建模课堂"，语文"整合课堂"。

2. 面向课程元素，我们以"跨界"来重构融合多元的课程目标。我们确立"习养课程"以"跨界"思维为路径，探索相关学科课程元素的整合，开展跨学科主题课程活动。比如"一叶知秋"主题课堂活动，再比如"节奏的美"都是这样落实的。

3. 面向课程资源，我们以"贯通"来解构探究体验的课程学习方式。"修养课程"重点体现学科专业技能发展，倡导探究、体验、感悟的学习方式。比如：品德学科选取学生感兴趣话题或生活中的热点问题，体育学科选取基于学生年龄特点的兴趣领域，艺术类学科重在挖掘突出学生个性发展的生长点。

天地大美，蒙德启理。在集团教研中我们努力实现三个结合：将学科核心素养研究与学科特色相结合；将提高校本教研质量与品牌学科建设相结合；

将课程整合的研究与校区发展相结合。随着集团化办学的步步深入,我们还会一如既往地坚持质量立校的原则,在行进中思考未来,在未来中实现梦想。

第三节　共探集团课程特色路径

我们深知,实现深度融合并不意味着"千校一面",面对集团化办学带来的机遇,集团组织了课程研发中心,加强对各校区"一校一品"实施的统筹规划与引导,实现各校区"各美其美"的教育愿景。集团以总校为龙头,共同架构集团"传承类""整合类""拓展类"课程体系,各校区进一步明确适合自己的素质教育实施方式,梳理文化脉络,确立校本课程。

一、起点布局——相生相依之中,创新研发模式

集团总校南上山街小学自 2003 年确立"培养承接民族传统的现代中国人"的办学理念以来,始终坚持植根传统文化,并以此研发校本课程。如今《华彩传薪》校本课程已经经历了 18 年的蜕变与提升,革新了优秀传统文化传承的路径,寻求与社会资源接轨、与国家课程融合、与学习爱好统一的、全方位适合学生深入学习的有效途径。完善了优秀传统文化传承的体系,建立起基于学生个性成长、面向未来社会的能力培养、较为完整的传统文化传承育人体系,形成了学校师生全员参与的校本课程新样态。

总校力求突破课程开发的瓶颈,促课程从技能训练走向文化涵养。学校在"培养承接民族传统的现代中国人"的办学理念下,建立以培养学生核心素养为价值追求的"一根三育六生"特色课程群,把核心理念概括为"植根""工艺育巧""节庆育情""民风育本",以六生"滋养"课程群为学生提供发展和展示平台,即:"天工"——工艺类社团,"天籁"——文艺类社团,"天香"——艺术类社团,"天心"——实践类社团,"天翼"——科技类社团,"天骄"——体育类社团,综合培养学生"个性独特、高贵儒雅"的风度气质。

集团各分校校本课程的开发是在集团总校多年的探索和实践的基础上进行的,在这个过程中体现了"共融共好、整合发展、各美其美"的集团理念。各校区在与总校的相生相依之中,又充分体现各自的独特魅力。

(一)传承拓展理念之下的"亲泉致海"课程

基于泉海小学"中国情怀国际视野"这一办学理念,在开发学校校本课程时,集团把"国际教育"的开展放在实施特色化办学的首要位置,以丰富的国际文化体验为背景,努力打造国际化教育这一学校特色文化,构建亲泉致海学校课程,并形成了以"传统文化"传承为主的亲泉系列和以"国际文化"拓展为主的致海系列社团体系。

(二)传承整合理念之下"南风三叠,九曲行云"校本课程

济南市九曲村小学是在全面实施集团化办学举措时纳入南上山集团的一所城郊学校。集团在九曲校区的帮扶工作中,帮助其梳理文化脉络,找到前期校本课程开发的问题。通过校本课程研究的再出发,九曲校区逐步形成"博雅"的办学理念。这一办学理念中,前一个字"博"是基础,而"雅"就是指校本课程的开发。着力于经典文化的传承与整合,以"诗艺双馨儒雅少年"为育人目标,构建了"南风三叠,九曲行云"式课程框架,三叠"以"雅韵、雅艺、雅文"为内容,将"诗、礼、乐"融入课程之中,引领九曲学子行走在诗、情、画、艺之中。通过校本课程的开发逐步形成学校办学特色,从而全面推动学校的各项工作,使学校实现跨越式的发展。

(三)拓展体验理念之下的"荧华"校本课程

济南市泉欣小学是集团的第二所分校,"泉欣"取自陶渊明《归去来兮辞》中的诗句"木欣欣以向荣,泉涓涓而始流"。泉欣小学建校以来,在"教育即生长"核心理念的引领下,构建起了特色鲜明、向荣粹美的"水清木华"文化体系。"泉"既是各校区的情感纽带,也是集团文化的浸润传承,"欣"寓意生长,是泉欣的文化特质,是持续发展的定位方向。泉欣小学结合"水清木华"文化,探索以素养浸润培育为主的"荧华"校本课程,注重课程时间的再分配,注重个别化发展,结合"水清木华"文化,开发满足学生个性化需求和多元化选择的校本课程内容,探索出以体验为主的课程体系。

(四)整合拓展理念之下的"乐静"校本课程

中海国际社区之中还有一所特殊的学校——济南市市中区泉海学校,这是一所九年一贯制的学校。泉海学校小学部成了集团的第三所分校。在定位泉海学校小学部的文化时，集团依旧在水文化上做文章，"泉"与"海"都以水汇聚。水以变为生，亦静亦动，才能彰显不同的韵味。而学校教育首先应当指向人的身心这两方面的健康发展。养身宜动，养心宜静，动静适当，形神共养，才能身心健康。在南上山总校整合思路的引领和辐射带动下，泉海学校小学部明确了培养"静如处子、动如脱兔"的优质学子的培养目标，并由此确立了学校的办学理念是："心静致远，形动拓新"。学校"乐静"校本课程同样围绕"动""静"两方面，结合"一支笔、一本书、一种技能、一项运动"四个特色方向来设计。

二、策略实施——共生共荣之中，设计实施路径

为了确保课程的顺利实施，集团在课程机制保障上下功夫，在集团层面上整体推进。在集团课程研发中心的核心作用之下，各校区成立课程管理团队，落实人员明确分工；设计校本课程实施方案，做好汇报交流，适时调整和完善；制订校本课程实施计划，结合具体课程目标细化实施路径。

（一）在资源挖掘上寻特色，形成课程实施的广度

集团总校实施"华彩传薪"校本课程时，广开思路、因地制宜，努力让地域资源、社会资源成为学校的校本资源。学校聘请非遗传承人到校任课，采用"传承人＋教师助教"的方式，让非遗传承人在校本课程的实施过程中进行持续性、常态化教学活动，把非遗文化真正植入学生的校园生活，让非遗项目在校园绽放。济南剪纸、叶雕传承人都婉莉老师、济南皮影传承人李娟老师、侯氏社火脸谱传承人侯志新老师、兴隆舞龙张连水老师、布贴传承人陈光莹老师、面人李第五代传承人李咏梅老师、鲁绣传承人徐秀玲老师走到学生中间，这些老师的绝活对学生很有吸引力，在他们的带领下学生尽情徜徉在非遗文化之中。

集团泉海校区把教师作为校本课程设计的主体，在这里教师人人开社团，每位教师充分发挥自身特长优势，组建社团并招募社员。学校让每一位教师自由申报，申报项目经学校审核后该教师即可开设一门校本课程。这样给每一位教师自由的空间，最大限度地发挥每位教师的潜能，激发教师研发课程的主动性、积极性和创造性，为校本课程的实施提供保障。这种方式不但增

加了教师对校本课程的兴趣,而且也让许多有专长的教师,才能得以施展。泉海校区校本课程的研发不但依靠挖掘教师才能,还充分利用了家长资源,邀请家长们走进校园,走进课堂,根据自己的独特才能,开设相关课程,这也成为泉海校本课程研发的一道靓丽风景。

集团泉海学校小学部校区在整合学科资源上创生校本课程。结合"一支笔、一本书、一种技能、一项运动"四个特色方向来设计"乐静"校本课程。在这里社团活动其实就是学校课堂教学的延伸性活动,是进一步深化教育教学改革,全面实施、推进素质教育的一个重要体现。从书法课堂的笔墨挥洒,到阅读时光的沉潜投入,到劳动场景的娴熟协作,再到运动场馆的奋力拼搏,学校努力为学生提供多样化、特色性的素养浸润课程。这样的动与静,带给孩子不一样却更完整的成长体验,让学生在快乐的体验中收获成长,在多元的选择中燃动梦想。

集团九曲校区将校本课程与艺术教育相整合,在艺术教育资源中攫取精华开发"雅艺"为主题的校本课程。将传统经典诵读和书画有机结合,将茶艺和中国传统乐器相结合,追逐艺术氛围,使文化与艺术相融合。三年级"诗艺画舫"利用早读和周五校本课时间,组织学生集体诵读、学习《弟子规》。把弟子规文章分类,例如分为孝、礼、德、行等部分,在纸上抄写诗句,再配上简笔画。四年级"文诗画苑"社团,以古诗为载体,让学生在画纸上进行诗配画创作。让学生感知到手工制作的创意空间是无止境的,使学生有强烈的学习和创作欲望。形成对自己的控制能力,尤其是手眼脑的协调运用。学校努力给学生提供丰富多彩的艺术实践活动平台,努力让每个学生成为活动的受益者。同学们在老师们的指导下不仅对中国经典文化开展了研究,还进行了充满创意的艺术传承。班主任、美术老师齐上阵,对学生不断地进行指导,不断提高学生的工艺制作的技能。

(二)在课程设置上分步骤,形成课程实施的力度

秉承着"一切着眼于学生全面而有个性的发展"的理念,集团各校在校本课程的实施过程中,均使用走班制即全校师生打乱班级界线,采用校级社团混龄式学习和班级社团年级流动的形式。校本课程的实施方式应学生需求,周一到周五天天都有丰富的课程可供选择。每学年伊始,所有的课程项目都要经过教师个人专长竞聘、教师学生双向选择、社团组织招募等流程,力求为学生提供多样化、特色性的校本课程。对于学生选课我们采取分步走的方式：（1）向学生大力宣传实施校本课程的价值意义，激发学生参与校本课程学习的积极性。（2）学校向全体学生公布校本课程开设项目名称、指导教师及课程实施情况说明等，让学生自由、自主选择课程。（3）根据学生选课情况及场地限制，按照开学初校本课程课时计划表，有目的有计划地实施。

集团各校所有的课程学生可持 PASS 卡自主选择，也可网上申报，让学生在学校提供的课程中挖掘更多的潜能，促进个性特长的发展，为其提供更多的自主选择空间，找到属于自己的精彩和快乐。这样的校本课程，既可丰富学校文化生活，也可给学生提供一个自主发展的时间与空间，也有利于培养学生的审美能力和动手动脑能力，调节学生学习、生活的心态，激发学习兴趣，发展个性特长，促进学生身心健康发展。

（三）在学习能力上重培养，形成课程实施的深度

学生在校本课程的学习和体验中因为都是校级社团混龄式学习和班级社团年级流动的形式学习，所以集团各校在校本课程实施的过程中还关注学生学习方法的运用，重视学生学习能力的培养。

（1）自主学习是与传统的被动接受学习相对应的一种学习方式，是学生在学习过程中自觉主动而又积极的学习行为。在校本课程学习中，进一步体现出自主学习的重要性。不管在劳动技能实践、科技创新活动还是非遗项目体验中，都时刻以学生作为学习的主体，通过考察探究、项目体验、设计制作等活动，引导学生独立思考、独立判断，不断发展知识迁移与运用能力、解决问题的能力。

（2）合作探究是一种良性的互动学习方式。在小组合作中，学生能多角度、辩证地分析问题，有解决问题的兴趣和热情；能正确认识与评价自我，依据自身特点在团队中发挥积极作用；与同伴共同学习掌握技术，能将创意和方案转化为有形物品或对已有物品进行改造与优化等。在课程学习中通过生生合作、师生合作等，构建互动的学习方式，使学生主动参与课堂，在考察采访、实验调查、设计制作等活动中培育核心素养。

（3）项目式学习是以学生为中心，以项目为载体，以问题为驱动，学生在真实情景中探究解决问题的一种学习方式。建构主义认为知识不是通过教师传授得到的，而是学习者在一定的情境，即社会背景下，借助他人的帮助，即

通过人际间的协作活动而实现的意义建构过程。在项目式学习的过程中，通过一系列任务的完成，使学生在不同的内容之间建立有意义的连接。将相对独立的项目交由学生自己完成，组员的分工、信息的收集、方案的设计、项目的实施及最终的评价，都由学生自己负责。由此推动学生知识和能力的综合化运用；强调学生的学习兴趣和参与度，促进学生的团队意识。

（四）在校园文化上显内涵，形成课程实施的亮度

集团各校不断加强校园文化建设，在校园文化建设中彰显"文化至深，内涵至美"的校园文化境界。努力通过校园文化突出学校特色课程育人理念的主旋律，综合发挥文化育人功能，赋予校园文化新的时代内涵，凸显学校文化场馆建设的校本化表达。集团总校将校园空间与校本课程课程体系相结合，强调中华优秀传统文化的传承与发展，最大限度地打造校园空间，地下连廊、楼梯拐角、各类专用教室，都设计成独具魅力的活动场所。使学生在多姿多彩校园空间中实现身体素质、劳动能力、意志品质、行为习惯、艺术素质、国际视野等方面的发展。

与此同时，南上山还着力打造主题教室，一楼"中国趣"系列主题资源教室有折纸、七巧板、积木、陀螺、棋类、巧环；二楼"中国韵"系列主题资源教室有中国伞、中国扇、中国印、中国布、中国脸谱、灯笼；三楼"民族情"系列主题资源教室则呈现了蒙、汉、藏、回、满、苗、傣、维吾尔、朝鲜各民族风情；以及四楼"现代风"职业体验学习主题活动教室。孩子们在主题教室里开展活动，学习生活，时时处处接受着传统文化的熏陶和浸染，重点体现教师的个人素养与课程开发的完美融合，呈现出传统与现代两翼发展的特色课程。立足别具特色的主题教室，以学生的研究体验为主要形式，为学生打造富有生命力的实践大课堂。

泉海小学则以泉的灵动，承载着丰厚的民族底蕴；以海的博大，寄托着腾飞的梦想。"水"作为泉和海的连接点，必将演绎泉海小学独特的、多姿多彩的文化内涵。水兴文化，文化兴水，古今中外水与文化密切相关，相辅相成，互相促进。基于这样的思考，集团着力打造泉海小学"尚水文化"，形成覆盖全局的文化体系，遵循水的自然规律，彰显水的精神内涵。水作为学校的文化主题，具有精神和物质两个层面的内涵。根据学校办学理念，泉海校园文化以"亲近自然，拥抱绿色"为目标，着力打造"亲水校园""生态校园""文化校园",让校园水韵流淌,生机盎然,书香四溢,让学生拥有清纯,拥有绿色,拥有文化。红领巾青鸟驿站、图书馆典藏书香、专用室人文自然,精致、精心,每一处细微的设计都体现了泉海溯本清源、包容开放的办学理念,人文细节和自然科学的融合则凸显了学校对每一个学生的关怀和关注。

泉欣校区建设妙华校园,即泉水浸妙华,绿色生长。结合学校"教育即生长"的办学理念,将校训定位为"共生共长,欣欣向荣",以此创设和谐共长的校园文化氛围,在自我生长的道路中关注人的社会化需求,引导学生成为和谐共生的社会自然人,形成个人、班级、学校欣欣向荣的生长态势。学校将代表着生命与希望的绿色和代表着活力与向上的橙色作为学校的校色,寓意学校欣欣向荣,蒸蒸日上。在校园文化建设上,凸显校园绿化的美妙、校园美化的巧妙、校园香化的奇妙、校园文化的精妙,引领学生形成开阔的妙思,体验生长的妙趣,感受校园的妙华。

泉海学校小学部校区所到之处基本就两个颜色,表示静谧的"玫红色"和表示灵动的"蓝色"。学校建设与课程相适应,理念体系墙、"读万卷书、行万里路"、国名国旗研究区、科技体验小长廊等,给学生动静相宜的浸润。

三、特色评价——各美其美之中,优化评价方式

特色评价是校本课程实施的重要组成部分,是实现课程目标的有效手段和方法,对课程实施起着重要的导向和质量监控的作用。优化评价方式追求的是在课程实施的不同阶段,评价教师课程开发与实施的积极性,评价学生的参与度与体验感受。依据校本课程重操作实践、重创新体验、重文化熏陶、重能力培养的四大特点,制订多元化与个体化相结合的评价标准;建立动态化与静态化相结合的评价过程;形成量化与质化相结合的评价结果。

(一)优化评价方式,注重评价原则的适用性

校本课程的评价原则,体现"四要":要体现评价的过程性,将评价贯穿于校本课程开发与实施的全过程;注意评价的丰富性,根据指导教师的活动设计对学生在校本课程中表现进行全面评价;要注重评价的激励性,通过评价鼓励学生发挥特长,施展才能,创设可持续发展的学习环境;要强调评价手段的多样性,评价采取学生自评、互评与教师评价相结合,书面评价、口头评价与活动展示评价相结合,定性评价与定量评价相结合等方法。

（二）优化评价方式，注重评价项目的多样性

指导教师应通过设计一定的活动，预设学生应达到的水平，结合活动的实施情况及学生的知识水平确定最有价值的评价项目。结合具体的活动，从参与活动态度方面是否积极，是否勇于克服困难，研究问题方法是否多样性，研究的成果是否具有创意，能否解决实际问题等方面进行评价。评价量表能让学生了解自身在活动中认识了什么、做了什么，能让教师了解学生在活动中的表现和能力的发展情况，能促进教师把握学生的成长规律，跟踪学生发展的潜能，为更好地促进学生成长提供依据。

（三）优化评价方式，注重评价形式的多元性

量表式评价，例如总校对社团指导教师的评价，内容分五大维度评估标准：即教师课程管理与领导、课程设计与开发、课程实施与发展、课程情感与认知、课程反思与调整。

个性模块评价是指学生在课程参与过程中，自选评价模块进行个性评价。评价包括实践创作、作品鉴定、手册记录、竞赛评比、汇报演出、资料袋等不同形式，根据参加者的状态等级分为"优秀""良好""一般"。个性模块评价帮助学生在课程参与中认识自我，找到自己的潜能。

"集卡"评价：泉海校区在过去简单的小水滴评价体系的基础上，结合学校水文化育人的育人理念，学校推出了泉水文化评价卡，将评价和水文化课程相结合，推出了首批趵突泉泉群的14张泉水卡。泉水卡一经推出便广受学生的追捧，在集卡评价中，学生们积极参与，研磨自己的素养，通过这样的评价督促学生提升自己，收获成长。

"称号"评价：泉海学校小学部致力于培养"静如处子，动如脱兔"的"静好"少年，在评价上学校采用"静思"和"悦动"两方面来个性化评价学生，并结合动静相宜的"静好"少年的评选，通过"崇德章""启智章""雅行章""乐动章""博艺章""善劳章"的争章活动，促进学生成为知行合一、动静相宜、适应时代发展的优秀学子。

"课程阶梯性"评价：学校在课程评价中创新性实施"十佳课程—品牌课程—特色课程—闪亮课程"的评价机制，依据标准进行年度评选，予以表彰。

四、凸显成效——美美与共之中,助力育人实效

(一)炫出民俗文化的亮丽底色,书写学校课程的育人故事

集团总校在多年的课程开发与实践中,不断挖掘"民俗文化"教育本身蕴含的人文教育资源与价值,以民俗文化为依托的"华彩传薪"校本课程,为师生的成长注入了活水源头,为学校的可持续发展提供了动力源泉。课程是孕育学生发展的载体,是提升教师专业的舞台,是绘就学校发展的蓝图,促进了学生、教师、学校的共同发展。因非物质文化传承工作效果显著,南上山学校被教育部确立为首批"全国中小学优秀传统文化艺术传承学校""山东省非物文化传承学校""山东省华文教育基地"和济南市首批"校园文化示范学校""非物质文化遗产教育示范基地"。2018年9月全国非遗博览会"非遗校园行"活动走进学校,南上山成为全市唯一一所全员参与、整体展示的学校。

课程学习方式的优化也带来了课程的发展,"灯亮了"项目式学习在2018年的山东省教研工作会上进行了课堂展示,我校学生组团参加全球"DI"大赛,在指导教师的带领下获得世界第六名的好成绩,近年来600多名学生的科技创意获得国家发明专利。学生工艺类艺术创作,"多彩的葫芦""南风华服"等课程多次获得市中区美术展示活动一等奖,济南市艺术展一等奖;学生体育特色操"功夫扇"参与了全国体育联盟校的展示获得好评。与此同时,学校因办学特色鲜明,近五年来到校参访的省内外参观团60余个,并与加拿大、美国、新加坡、英国、奥地利等多个国家的学校签订了友好协议。

集团总校在校本课程的研发和实施中不断进行新的尝试和探索,努力打破"校校同课程,生生同书本,大家齐步走"的课程格局,使课程不断满足学生个性发展的需要,使课程不断焕发出新的生命力!

(二)谱写传承创新的优美旋律,唱响学校课程的嘹亮赞歌

市中区集团化办学的背景下,南上山作为首批集团化办学的龙头学校,以强烈的使命感引领集团五个校区的发展,集团各校区校本课程均融合总校"传统文化"并整合各校自身发展点,形成了各校区校本课程"各美其美"的发展格局。泉海小学于泉校长题为《深度共融,实现集团整合发展》的集

团化办学主题报告,深入讲解了集团化办学以来所走过的点滴历程,分享了集团逐渐发展壮大的先进经验。

泉海小学作为集团首个分校,在迎接各级各界参观访问、考察交流活动中,深入诠释学校"尚水文化"的核心理念,解读如何突破空间的局限,融合学科的特色,形成亲泉致海、水润滋养的学校特色课程。各位来宾参观学校的校园文化和特色课程开展情况时,一次又一次举起手中的相机,留下了宝贵的画面,每一处细微的设计都体现了泉海溯本清源、包容开放的办学理念,人文细节和自然科学的融合则凸显了学校对每一个学生的关怀和关注。

泉海校区借力校本课程,一路走来收获颇丰。学校合唱团继续发力获得区合唱比赛一等奖,并获得了在省会大剧院一展歌喉的宝贵机会。学校美术社团结合泉海春季多风的特点,倡议开展了风筝的制作和放飞研究,学生们在市中区素质教育基地开营仪式上放飞纸鸢,闪耀梦想。学校关注学生书法社团的发展,邀请区语委办曹燕玲主任莅临指导,学生的书法水平有了显著提高,学校也获得了市中区书法教育先进单位的荣誉称号。学校还引进了击剑、高尔夫、棒垒球、网球、足球等体育项目课程,丰富了学生的学习生活。泉海小学信息、科学学科以课程为依托,打造以实践和体验为主题的科技课程体系,唤起学生对科技的热爱,激发出创新的火花,创造出一系列骄人的成绩。获得了"挑战科学家"之反冲动力小车一等奖;第九届蓝桥杯 EV3 机器人省赛一二等奖;济南市第十九届机器人竞赛多人获得一等奖;乐高 EV3 少儿机器人国赛一二等奖,市中区中小学创客比赛多人获得一等奖;市中区第四届创客节一二等奖;济南市科技节获第一名;第十一届济南市青少年机器人工作是联赛一二等奖。众多佳绩,彰显出泉海学子"溯本清源"的探求、拼搏精神;紧张激烈的比赛过程更与我校"包容开放"的追求相契合,比赛中折射出孩子们的奇思妙想和创新激情,一路采集,一路收获,未来的路将会更长远。

泉欣校区不负时光,围绕"教育即生长""片片欣叶,独特风华"的办学理念构建起"水清木华"文化体系——以凝华聚心,以妙华筑基,以情华养德,以德华立品,以无华炼能,以荧华展艺描绘出华彩泉欣。

历时 6 年发展,荧华校本课程凸显成效。课程是学校教育的核心,是学生成长的跑道。各级教育考察团的领导、老师走进了学校的连环画教室、书法教室、美术设计室、职业体验馆、植物工坊、"欣"成长小科学研究院……了解学校丰富多彩的课程设置,感受泉欣学子专注、投入、快乐、合作的学习氛围,考察团领导老师们对学生的表现啧啧称赞,对学校的课程体系建设给予高度评价。

泉欣音乐类课程扩大学生音乐视野,培养学生对音乐的感受能力、理解能力和鉴赏能力,陶冶学生高尚的艺术情操,使学生形成正确的艺术观和性格品质。泉欣小学组建了高水平管弦乐团,以第十六届中小学(班级)文化艺术节活动为契机,紧紧围绕"众志爱国 抗击疫情"主题,编创了首部作品《夜空中最美的逆行者》,一举夺得区级奖项,并获得一致好评。

泉欣科技类课程,意在鼓励和发掘学生的原始创新意识,让孩子们在最适合的年龄去天马行空大胆想象,保持对科学的好奇与兴趣,努力尝试去做喜欢的事,通过多元途径,给泉欣学子体验的机会、发现的机会、探索的机会,夯实科学基础,放飞科技梦想。

集团办学重在文化引领,顶层设计助力彰显各校特色课程魅力。时钟的脚步未停,丰富多彩的校本课程还在继续,集团各校仍在不断探索提升。相信集团特色课程必将扬帆起航,实现新的飞跃!

第四节 共建集团学校育人文化

南上山教育集团的育人文化不断以美学的方式重构,以技术的手段升级,以创新的机制应用。围绕学校内涵发展、人的协同发展、文化环境发展三个维度为教育品牌蓝图创造可持续发展的生产力。让学习跟环境连接,跟传统连接,跟世界连接,实现可持续、开放性及包容性的品牌生态。

1. 顶层设计,集团引领

文化是学校活的灵魂。在文化建设过程中,集团需发挥机制作用,引领各集团校明确共同发展方向,带领集团校从认同集团文化走向创生新校,从文化输入走向文化产出,从文化模仿走向文化自觉,从文化融合走向文化自信,让文化建设成为推动各校区整体、高效、优质发展的强劲动力。

2.顶格布局,聚集合力

校园文化建设可以系统地推进集团化办学的发展,因而要着眼集团整体办学格局进行文化策划,统筹各校区发展理念、发展思路、发展特色,同时凝聚集团力量,共同规划文化目标,共同提升文化内涵,共同研究文化形态。文化作为学校活的灵魂,成为推动各校区整体、高效、优质发展的强劲动力。

3.顶级建构,形成体系

集团校园文化的营造坚持围绕办学理念、文化体系、课程设置成体系推进,从育人空间的升级、课程体系的优化和特色发展的促进三个层面进行校园环境创建,把校园建成适宜生命成长的生态系统。

在校园里,空间本身既是文化的载体又是文化本身。如何设计空间打造文化、运用空间表达文化、调整空间展现文化、拓展空间凸显文化,都必须考虑其中所传递的文化信息与教育情怀在学生成长与记忆中的作用和分量。教育最本质的特征是文化特征,所以南上山教育集团以文化引领发展,以文化铸就成功,让校园文化连接学校工作的方方面面。

一、文化连接精神气质,是价值追求的映像

美的核心是精神。学校教育的精神气质和理想也可以通过形象、立体的空间表达出来,学校文化是教育本质在物质环境中的价值彰显,是教育空间的精神体现。

1.环境是教育理想的透镜

我们认为校园中的每处景观,都应是教育思想的传递、学校文化的表达。因而我们把提升育人环境作为追求教育理想的具体行动之一,并基于学校理念设计每一个环境元素。如:在南上山街小学校门侧墙上展示着校训"养浩然之气,正民族之心",校园南墙在立体山水中凸显的"真气、正气、大气、和气、锐气、贵气"与校训相映照,它成为学校的"养正文化"的传承墙。进入教学楼大厅,"培养承接民族传统的现代中国人"办学理念跃然东墙,西墙是学校文化特色"民俗教育"的展示窗口,体现了公共教育空间的精神面貌。

泉海小学校区在校园的影壁墙上以鎏金大字醒目的标注着"中国情怀,国际视野"之办学理念,影壁墙前的喷泉涌动着向上的力量。教学楼大厅展

现着学校的"尚水"文化体系,彰显学校的文化理念和价值追求。大厅两边的人工水池,增添了水润文化的意境。穿过大厅,呈现在眼前的是学校的"尚水园",济南 72 名泉雕刻在园内的碑文上,揭示了学校水文化的渊源。

2. 文化寓丰富的内容于和谐的形式之中

和谐是美的本质。南上山集团一直力求让文化的整体格调呈现和谐之美。南上山始终追求传统与现代的和谐统一,在借鉴传统的同时,实现由传统向现代转换,在平衡传统与现代审美中,建设凸显中国特色、中国风格和中国气派的现代学校。而泉海学校则以水的"动""静"姿态,来顺应人的"动静相宜"的生命特征,以促进人的生命成长的平衡,顺动人的发展规律,实现人自身发展的和谐。所以精神达到和谐,文化才有气质。

3. 色彩是教育传播的最好形式之一

我们特别关注色彩与学校特色的统一,让集团各校有自己的"性格色彩",有自己的精神属性,让教育理念物化为学生童年的绚烂多彩,让色彩带给孩子最好的体验和感受,给孩子创造一个缤纷的温暖的世界。

南上山街小学具有民族底蕴,民族的色彩是绚烂缤纷的,多样的色彩顺应着各民族人民内心多样的渴求。所以南上山的色彩既有民族色彩的融合与丰富,也有楼层色彩的相对独立,色彩丰富且和谐,视觉效果好。泉海小学与水结缘,校色以蓝色为主,体现学校包容开放的性格。同时学校以阳光下水滴所折射出来的七色光芒定位每一楼层的主题色调,彰显灵动多彩、丰富活泼的校园主题生活。泉欣小学以"让每一片叶子独特风华"为教育理念,学校色彩以绿色为主调,展现出生机勃勃的景象。

学校主色调作为校园空间色彩情绪的传递基础,一方面传递校园氛围,另一方面则向孩子潜移默化地传递学校期待的价值观。所以我们以色彩彰显学校性格,形成色彩与特色、与核心价值观的和谐统一。因而色彩有性格,文化才有格调。

二、文化连接德育活动,是育人目标的意境表达

文化连接德育,让集团教育更有品质和更具启迪,以达到以境育人的功能。因此,集团深入进行了德育课程一体化的探索,着力打造各校区德育品牌,并通过环境设计彰显德育特色。

南上山街小学自加入全国体育联盟以后，为"让运动随时发生"，积极打造了体育器械开放区，同时培养学生收放器械的自觉性，从细微处塑造健全人格。学校教学楼每一层走廊内都设有一个"诚信书吧"："童话书屋""梦幻书屋""成长书屋""花园书屋"，均由学生自主阅读，自主管理。旁边设立"好书推荐"栏和"诚信榜"。"诚信榜"记录着诚信阅读运营以来诚信值的变化，折转的线条，透着孩子们诚信的提升，和教师静待花开的耐心和信心。

泉海小学校区在走廊内巧设分贝仪检测噪音，改变学生在公共场所大声喧哗的陋习，时刻提醒孩子们，以最优雅的姿态展现自身的良好素养。

三、文化连接课程特色，是个性发展的蓝图

办学特色是集团各校区整体呈现出来的系统性特征，集中表现在基于学校文化的课程架构。课程有特色，育人文化才会有特色；课程实现整体改进，育人文化才能整体改进；课程逐步完善，育人文化才会逐步完善；课程丰满，育人文化才会丰满。

构建校园育人环境，要按照"先理念—再课程—后建筑"的流程，实施校园文化提升行动。南上山围绕民俗文化特色优化、补充形成了"华彩传薪"课程体系，并将空间设计与传统文化进行了有机融合，对接整体课程建设，营造了五大主题性课程空间，成就了一个个令孩子们全身心投入学习的生命场域，拓展学校特色发展的舞台。

1. "中国趣"游戏空间——童心洋溢

一楼是一年级孩子活动的空间，哪里有儿童，哪里就有游戏。游戏是儿童探索世界的独特方式，根据孩子这个年龄段的特点，学校以儿童为中心，以游戏精神为统领，以零起点教学为依托，构筑了"游戏空间"系列景观意境，让环境成为游戏的资源。每间教室一个游戏主题："绘本教室""折纸教室""棋类教室""彩泥教室""积木教室""七巧板"主题教室、"中国鼓"主题教室、"陀螺趣"主题教室，带领孩子回归传统游戏，将观察、想象、创造、运动、竞技、合作融为一体，让儿童生活充满童趣、惊喜、美妙。

2. "中华韵"工艺学习空间——魅力无限

结合"天工"生蕙——非遗类课程。我们以民间工艺制作为内容，以感受民族艺术魅力、培养民族自信为目的，将艺术作品、审美元素转化为教育

情境,以工艺制作培育学生动手创造能力,让学生体会中华民族的审美创造,和民间那种"田园牧歌"的美好生活方式表达。"中国伞""中国扇""中国印""中国布""中国脸谱""中国葫芦"等主题教室,让学生在探寻、制作、绘画、雕刻、装点之中,感受民间工艺所承载的深厚的中国文化底蕴,了解非遗文化所展现的民族文化记忆,体会其中传递的家国情怀和社会价值。

3."民族情"研究室——情感流动

结合"天心"生合——实践类课程。我们以民族风情为底色,以研究性学习为手段,将民族文化留存于空间里,融化在学生生活里,让学生体会各民族风情与民族精神共同生长的文化过程。学校打造了汉族、壮族、回族、傣族、苗族、藏族、蒙古族、维吾尔族等研究室。课程以项目研究为主,分主题研究各民族的生活习俗、文化特征、民族信仰等,促进学生对民族文化的认同,增强民族自豪感和民族凝聚力。我们认为课程是传统文化教育的有机载体,传统文化应该如同流淌的河流一样,在课程的实施过程中,流进师生的心田。

4."现代风"体验室——释放个性

结合"天心"生思——科技类课程。以培养学生发现问题、提出问题、从而解决问题的能力"为基本目标,吸收学生学习生活和现代生活元素,与时俱进地融合为学习情境,引导学生在提出问题和解决问题的全过程中学习到科学的研究方法、获得丰富体验。

5."科技梦"创意室——飞扬梦想

结合"天翼"生思——科技类课程。以满足天性为初衷,以挑战创新为手段,将科技情境转化为活动情境,引发思维发展,提升学生的探究能力,全面落实育人目标。

学校赋予每一个楼层文化主题设计,从"中国趣"到"中华韵"、从"民族情"到"现代风",校园里处处都彰显着传统文化的气息。我们努力让每一个墙壁,每一个角落都来为传统文化代言。有趣味的教室成了孩子不愿意离开的地方,有情的专用室成了孩子最乐意去的地方,课程体系的优化让传统文化流进每一个师生内心。

四、文化连接物理空间,是场景模拟的体验

海德格尔说"人的存在是空间性的"。学习变革的重要特征是走向"情

境化"。集团坚持以人为本,整体布局,打造系列功能室,凸显学习方式的场景性、学习资源的丰富性和易得性,让课程内容及学习方式与空间设置紧密结合,提高了师生的学习力和审美力。

1. "国粹荣耀"系列空间——演绎经典

我们从国粹艺术中提取出有利于启蒙或理解的元素,建立"十大国粹"育人空间,"书法室""围棋空间""刺绣空间""剪纸室""京剧舞蹈室""茶艺室"和"中药室""陶艺室""武术室""汉服室",将环境与文明融合,让学生身临其境体会文化意蕴,感受国粹文化的"精、气、神",体会文化的精髓,感受中华文明的洗礼。

2. "艺域彩风"系列空间——气韵生动

艺术应成为学校文化的一种气质。学校从学生兴趣、需要、情感表达、人际交流出发,为学生打造八个美育空间,"国画室""油画室""儿童画室""沙画空间""民俗博物馆""合唱室""民乐室""舞蹈室",每个地方、每个角落的环境设计都体现艺术的典雅,都渗透艺术教育的真善美,以此激发学生的艺术潜能,塑造学生气质,奠定他们生命中的艺术底色。

3. 智"创"科技系列空间——开启心智

集团积极打造科技教育空间,配合自然科学课程,聚焦科技创新教育,以科学探究为主线,连接多元教学形式,给学生提供操作感知、获取知识的环境,让活跃的思维与跳跃的空间相互影响。"天文科技活动室""航模科技活动室""化学实验室""物理实验室""数学教室""微机室""录播室",均以奇妙的空间体验与现代的科技元素组合,激发学生的探究意识和创造力,让学生提前"遇见"未来生活,获得挑战的成就感与创造的热情。

4. 炫"动"天地运动空间——激发活力

集团注重拓展运动空间,我们重视健康、积极、有趣的体育运动对孩子的心智的帮助,积极拓展校园运动空间。以"补充性,灵活性,综合性"为主导,配合地下、地上、楼顶多元环境,打造运动、学习、休闲、交往和集会的综合性场所。学校操场设置体育器械开放区,借地下活动空间开发武术室、篮球室、乒乓球室三个空间,互为补充,灵活多用,兼具小操场作用。打造瑜伽室,将艺术与运动融为一体;楼顶花园,留出足够的运动空间,让学生放松,休闲,运动。总之,充分拓展运动空间,让整个校园充满活泼有动感的气氛。

五、文化连接学习方式，是心灵相遇的碰撞

未来学校的文化设计，让学习场所无处不在。设计不再以功能作为基础，而是基于学习方式的多样性和变化的需要提供各种学习空间，适应多种学习方式、多种空间尺度、多种环境氛围。

1. 让图书馆成为孩子的天堂

学生图书馆是每个学校必备的场所之一，也是集团各校区最重要、最需要用心设计的空间。阿根廷作家博尔赫斯写过，"如果真的有天堂，那一定是图书馆的模样"。图书馆设计好，才能最大限度地激发和保护孩子的阅读欲。图书馆是学校的灵魂，其中蕴含的设计理念也代表了整个学校的设计理念。总校图书馆以民族图案和多姿色彩营造绚丽的阅读空间。泉欣小学图书馆以绿色和黄色为总基调，打造自然生态的阅读空间，让时空展现出生命成长的气息和灵动。泉海学校小学部以蓝色为主色调，寓意让孩子在知识的海洋里遨游。我们努力为孩子编织绮丽的童年梦境，让极具视觉冲击力的阅读空间成为孩子们最愿意去的地方。

2. 让学习空间具有选择性

集团关注学习空间的多元性与舒适性，设计多处半开放布局、半私密空间，如茶座，随处可见的精致的沙发，柔软的坐垫，不固定小方凳，可随意拼接的座椅。教室内努力划分书桌阅读区、阶梯式阅读分享区、特色作品展示区、合作探究区，以丰富的空间形态给学生提供了更多的选择性，支持更多学习方式的开展。

3. 让活动场所更具综合功能

各校区注重设计综合化的区块空间，打通围墙，巧设隔断，让活动室成为一种复合型的学习空间。如图书馆可以开发布会，举办演讲、论坛、沙龙、读书会，支持更多学习方式的展开，使其充满学习性、体验性、生活性，孩子可以直观地感受到自己是这里的主人，在这里享受活动的快乐与自由。

4. 让育人场所更具人文气息

集团致力于打造利于学生心灵栖息的场所，每个校区的公共区域都有共享阅读空间，为个性化学习提供支撑，使他们焕发新的能量。每一个楼层的走廊都有一个精心设计的书吧，不时会看到孩子们三三两两地坐在椅子上阅

读,一副津津有味的样子。随处坐下来,犹如坐在林中的树下,或是童话里的木屋边,或是遨游在知识的星空里,或是运动间隙静逸的一角,随处体现着教育者的设计思维和以人为本的理念。

六、文化连接师生生活,是行为文化的塑造

文化与生活连接,带来更多生活化气息。在这里,环境美学和生活美学相结合,让每一个空间都拥有自己的性格与故事,让师生在校园里拥有更好的生活方式、工作方式、学习方式。

1. 筑造孩子心中的花园

每个孩子的心中都有一座花园,就如鲁迅的百草园。每一个学校也都应当有一座花园,花园在一个人的教育与成长中有着神圣的意味。

泉海小学根据学校办学理念,以"亲近自然,拥抱绿色"为目标,着力打造"亲水校园""生态校园""文化校园",努力建设具有鲜活生命和审美价值的文化载体。一亭——汇波亭,以水的灵洁之气化人。一园——尚水园,以水的灵韵之气养人。一广场——润源广场,以水的灵动之气育人。三处景点让校园水韵流淌、生机盎然、书香四溢,让校园空间处处浸润文化。

南上山街小学占地面积太小,所以学校在顶层露台设立了一个花园,并让它融诗意、神秘、宁静与欢乐于一体。这里有温馨美丽而富有意蕴的花园;有孕育和诞生美好梦想的网格躺床;有可以独处的静逸角落,有可以在顶层享受阅读快乐的卡座;也有组织社团活动的场域空间。师生可以在户外休闲藤椅上坐下来交流思想和学习,可以在装了实木条凳的花坛边休息,也可以在楼顶人造草坪上奔跑,还可以席地而坐观看一场表演。每个场景的使用都会根据课程的变化、学生的需求自由组合,灵活变化。

南上山教育集团就是利用花园来丰富学习的可能形态,让学校更具张力、浸润性和吸引力。每个校区都拥有这样一个特别的空间,都不同程度地让学生心理上具有归属感与领域感和幸福感。

2. 打造孩子成长的舞台

"心有多大,舞台就有多大。"学校的舞台,学生永远是最好的主角。

我们在校园里开辟多样舞台,希望每一位学生都把最成功、最精彩、最美丽的一刻绽放在属于自己的舞台上。因而,校园舞台设计上张扬让"每一位

师生均有出彩的机会"的理念。

南上山操场大舞台,是大型演出、大型活动展示台,也是利用最频繁的舞台。每周升旗仪式每班轮流展示,学生站在舞台上,尽情挥洒情感的热烈与丰富。顶层小舞台安置大屏幕,可满足一个年级的小型活动,舞台虽小却能让孩子演绎心灵的善良与纯净。多功能厅,集报告厅,会议、演艺厅、课堂观摩等于一体,是最专业的舞台,在这里师生尽情表达精神的美好与激越。戏剧模拟剧场里话剧社团、快板社团在此活动,增加孩子舞台表演的感受,让孩子挥洒思想的深度。地下小演播室舞台虽小,但却能让孩子自信地享受自己的精彩,梦想由此而点燃。皮影小剧场,让孩子在合作中传承创新,感受舞台背后的付出与成功的真谛。

泉海学校同样用舞台编织学生梦想。学校阶梯礼堂集多功能于一身,是师生张弛自我,释放自信,演绎精彩的舞台。操场大舞台更是必备设施,孩子们在此集会,以蓬勃的激情放飞美丽童年。学校也不放过小操场的一隅,为孩子搭起一个随时可展现自我的小型舞台,可表演、可演奏、可展览,为孩子们的成长道路上留下一串串美好的足迹。各个校区的舞台都让孩子们变得更加大方、自信、活力四射,孩子们以最美姿态礼赞成长的美好。我们坚定地相信给孩子创造一个小舞台,他们会给我们一份巨大的惊喜。

营造好育人文化是集团提升办学水平,实现整体内涵发展、持续发展、科学发展的重要推动力。南上山教育集团一直追求文化的高品质、高境界。坚持校园文化与生命个体同在,与教育相渗透;坚持以文化的视角思考教育;坚持用文化和教育润泽学生生命,提升集团发展的凝聚力、内动力、生长力、形象力。

第四章 生发势能 展现集团化办学的生命样态

以人为本,德育为先。济南市南上山教育集团秉承让孩子拥有幸福完整教育生活的宗旨,始终坚持大德育观,不断探寻集团德育的目标、内涵和路径,努力使学生在德育实践中,不断丰厚生命厚度,提升幸福感和价值感。集团化办学期间,德育人不断更迭育人理念,探寻学生规律,创新育人路径,通过系列德育项目的实施,让学生在课程体验和主题活动中,感悟道德境界,塑造意志品质;在行走的课堂中,培养良好品行,升华人格修养;在家校共育和社区携手中,整合教育资源,打造合力育人的新场景;在"我们的节日"课程体验中感悟传统文化内涵,涵养南上山学子的家国情怀……

集团各校区的教育者,将自己置身于创业者的热情与坚守者的专注中,一次次核心素养的聚焦,一个个教育智慧的碰撞,一种种丰富活动的创新,一次次家校同心的守望,都凝聚了教师们坚如磐石的信念和不忘初心的奋斗。文字背后的人、故事里的事,都是在风中吐蕊的蜡梅、在险峰上空盘旋的雄鹰。那些人,那些事,彼此汇聚交融成为滋养品性品格的课程,涵养高雅气质的教育,牧养独特灵性的体验,习养创新能力的活动……各校在集团化办学理念的引领下各美其美、美美与共。

未雨绸缪,集团化办学任重道远。

我们,

一直在路上。

第一节 构筑兼蓄开放的课程样态

一、沐集团之光 寻德育之道——济南市南上山教育集团德育课程样态

济南市南上山教育集团各校区德育人基于总校深厚的文化理念与教育思想浸润，结合自身对教育的思考与实践，一起融通教育理想，达成思想共识，营造了一个富有生机与活力的德育"生命场"。经过多年探索，集团德育工作已确立了立足于学生生命的原点，构建遵循学生成长规律和发展需求的育人生态环境的集团育人理念，达成了"滋养学生成长为最好的"集团德育工作目标。各校区在充分汲取总校文化理念的基础上，着力打造适于本校学生发展的育人生态，形成了各美其美的德育课程样态，构建起各具特色的育人场域。

（一）基于核心理念的集团共识

1.集团德育课程的育人理念

南上山教育集团教育事业的核心理念，是推动集团校向着同一目标迈进的方向与动力。在总校"培养承接民族传统的中国人"的滋养与浸润中，集团德育人始终将"立德树人"的根本任务放在首位，并结合集团文化特色，将"立德树人"解读为立具有中国人格的人、树德智体美劳全面发展的社会主义建设者和接班人。集团德育工作者始终以"中国人格"为抓手，为国育人，将助力学生成长和发展作为集团教育工作的第一核心要务。

基于集团德育的核心理念，南上山街小学把培养"民族底色现代素养"的学子作为育人目标，力求在传统文化滋养下，在民俗文化底蕴的熏陶下，培养具有鲜明民族底色、传统文化烙印和中国气质风貌的学子，和具有民族文化根基的现代中国人。泉海小学以"民族底色现代气质"为育人目标，以"水文化"为校园底色，以中国情怀、国际视野的办学理念为指引，以水养德，弘道育人。泉欣小学在"教育即生长"办学理念引领下，通过"积极达观"的阳光心智，"主动发展"的向上精神，"清新独特"的清逸人品，"友善仁爱"的德华品质的培育，引导学生形成正向的崇高的精神追求，培养具有独特风华的泉欣学子。集团各校区不断推进本校德育工作的专业化、规范化、实效化，努力形成全员育人、全程育人、全方位育人的德育工作格局。

2.集团德育的育人路径

经过反复探索与实践，集团主体德育已经确立了一条明晰的育人路径，"以活动为载体，以体验为方式，以主体能动发展为核心"，主要通过以下六个领域来开展：一是强化德育队伍建设；二是完善德育管理机制；三是加强德育课程的研究；四是丰富社会实践活动；五是构建家校社育人平台；六是强化德育项目研究。这六大措施的实施，切实推动了集团德育生态环境的构建，实现了集团各校区德育环境的"无缝对接"，形成了具有南上山特有属性的育人生态圈。

随着集团新建校不断成立，新教师的不断涌入，年轻班主任成了学校德育工作的主流，年轻班主任的成长也逐渐成为维护集团教育均衡、稳定发展的重要一环。为了加强对班主任队伍的培养，总校积极发挥引领辐射作用，助力各校区加强德育队伍建设，逐步形成了以集团为统领，各校区同步推进的班主任培训机制。总校牵手中国教育学会，搭建了"名师成长大讲堂"线上学习平台，制订了"南上山教育集团卓越教师成长计划"，为集团成员校所有班主任老师提供学习资源。为了实现新建校高质量、高水准、高起点发展，总校携手集团各校区德育负责人制订了《南上山教育集团德育管理标准》，并在班主任工作标准化方面开展了有益的探索和实践，以"集团标准化"实施，确保集团新学校、新管理、新班主任不断成长、成熟。为了进一步促进集团各校区家庭教育的探索与实施，总校作为市中区家校共育项目组牵头校，积极协同集团各校区开展家校共育项目研究，现各新建校均已成立家长学校，并开展线上、线下"教育家"大讲堂近百场讲座，受益家长十余万人次。济南市南上山街小学和泉海小学获济南市首批"百所家长示范校"培育校称号。

（二）展现德育课程特色的各美其美

在集团化办学的近十年间，各新建校区充分汲取集团龙头校南上山街小学多年德育探索的精华，结合本校文化特色和办学理念，构建了内容完善、学段衔接、载体丰富的德育课程体系。济南市南上山街小学的"出彩中国娃"德育品牌课程，泉海小学的"水润"德育课程，泉欣小学的"德华"德育课程的开发与实施，使集团德育呈现出各美其美、美美与共的发展态势。

1. "出彩中国娃"德育课程以"传统"为魂

济南市南上山街小学作为一所百年老校，一直秉承"培养承接民族传统的现代中国人"的办学理念，把弘扬传统文化作为学校的立校之本，把培养"民族底色现代素养"的学子作为育人目标。多年来，学校一直把传统文化的精髓"六艺"作为德育核心文化，深入挖掘传统"六艺"的德育要素，针对学生身心成长的规律进行迭代提升，逐步构建起了"出彩中国娃"德育品牌课程。力求通过德育系列课程的实施，传承儒家经典文化精神和德育要素。同时，将六艺课程结合时代特色，让德育更加贴近儿童生活和学习，让优秀的传统道德理念深入现代学子的身心。

经过长期的探索与实践，我校将德育课程命名为"出彩中国娃"，即通过此项课程，着力培养出"根植祖国，各美其美"的中国好少年。"中国娃"源自学校"培养承接民族传统的现代中国人"的办学理念，在传统文化滋养下，在民俗文化底蕴的熏陶下，培养具有鲜明民族底色、传统文化烙印和中国气质风貌的学子。"出彩"强调张扬学生个性，在课程的实施中，给每一个学生创设适合发展的领域，提供出彩的机会，使学生能够在多样的平台中，体验成功的喜悦，通过课程的实施，张扬每位学生与众不同、各美其美的才华、能力和个性。

"出彩中国娃"德育课程，是在学校确立多年的"六艺"德育体系构建基础上生发出的品牌课程，将课程目标与"礼、乐、射、御、书、数"六艺结合，逐一对应，传承创新，将其细化为"懂礼节、爱艺术、勤运动、会实践、善学习、能创新"。根据以上六个目标确立起六项学习内容，即"守中国礼、学中国艺、强中国身、研中国风、通中国文、圆中国梦"。通过学习中国传统礼仪，实现

"德化于礼",落实"懂礼貌"的育人目标;通过学习中国传统艺术,实现"德显于乐",落实"爱艺术"的育人目标;通过参与中国传统运动,实现"德强于射",落实"勤运动"的育人目标;通过实践中国传统风尚,实现"德行于御",落实"会实践"的育人目标;通过研习中国传统著作,实现"德达于书",落实"善学习"的育人目标;通过研究中国传统技艺,实现"德固于数",落实"能创新"的育人目标。千里之行,始于足下,根据"出彩中国娃"品牌德育课程的内容及目标,确立了具体实施路径,让目标落地,让课程发声。

（1）"守中国礼"——日常礼仪与节庆礼仪相佐

中国为礼仪之邦,山东乃孔孟之乡,礼艺位居六艺之首。礼教自然应该成为学校首要的德育课程内容。习礼,不仅要习古代传统之典礼,还应结合现代生活实际,习得现代礼仪。为此,学校将通过两种途径开展"礼"的德育,一是兼具仪式感和文化感的传统"典礼课程",以入学礼、开笔礼、晋学礼、毕业礼、感恩礼等系列典礼教育为主要内容,让礼仪知识、礼仪行为,礼仪智慧浸润学生的心灵。二是将学校礼仪、餐饮礼仪、集会礼仪、社交礼仪常识等纳入学校的"礼仪社团""知行大讲堂"的活动中,请学生和校外专家举办讲座,同时,在日常的行为规范评比中,进行落实。最终达到体貌兼习,学礼养正的教育目的。

（2）"学中国艺"——民俗文化与国粹经典相融

有"礼"则必有庆贺燕飨之"乐",在古代,有庆贺燕飨之乐则必有五音宫商角徵羽伴奏。习得乐艺,应让学生追本溯源,首先知晓六艺中的"乐"是何乐,在此基础上,引导学生探究现代社会生活中的"乐"是什么。现代来说不仅指会乐器,更是一种对艺术的欣赏、体验与热爱。作为省非物质文化传承学校、省艺术教育示范校、京剧进校园试点学校,本学年,我们将重点结合学校"中国风"班本课程打造"十大国粹进校园"系列活动,通过班本课程开发和传统文化体验的双重浸润,彰显学校艺术特色,滋润学生艺术素养。在极具中国特色、凸显中国独特魅力的主题教室中,开展有关"中国艺"的实践活动,不仅应情应景,而且妙趣横生,学生身在其中,其乐融融。

（3）"强中国身"——全员参与与特长培养相映

"射"乃中国古代六艺之一,孔夫子在《论语》中说过:"君子无所争,必也射乎,揖躟而升,下而饮,其争也君子。"因此,自古以来,射不仅是杀敌卫国的技术，更是修身养性的体育活动。在现代我们把它诠释为竞技和技能培养，也是有据可循。长期以来，我校大力发展传统体育项目和传统体育游戏，开展了一系列体育活动，如：学校全员运动会、校级体育社团、阳光课间操、课间传统游戏等，我们都将传统体育项目的开发作为突破口和着力点，通过这些有趣、有益、有利的体育活动培养学生的竞技技能，为学生营造一个书声与欢笑共存的校园环境。不仅如此，我校全员参与"功夫扇"特色操，以年级为单位集思广益，开发以传统体育项目为内容的年级特色操，以此强身健体，培养学生坚毅品格和团队协作意识。

（4）"研中国风"——研究性学习与研学旅行相长

在现代教育中，我们把"御艺"定位为社会实践活动。读万卷书，行万里路，行走有着巨大的力量，行走所承载的收获，远远大于书桌上的教科书中的知识。作为山东省非物质文化传承学校，为了加深学生对传统文化的理解，培养学生对传统文化的认同，让学生在环境的浸润中、在立体的研学体验中成长为具有深厚文化底蕴的中华学子，我校确立了契合学校核心文化和办学特色的"寻根溯源"研学课程主题，开启了"寻根"研学之旅。

植根之境——校园环境立体式研学，依托具有传统文化风韵的校园文化，学校将校园环境中植入中国传统文化知识，在课程型景观校园的打造中，不断体现知识性与趣味性，将广阔天地的学习资源浓缩成校园环境中的微缩景观，从而引导学生把自己成长的环境作为学习、研究的场所，对校园中蕴含的民俗文化进行直接的接触与观察，让研学在校园的各个角落都能真实地发生。

寻根之源——乡土情怀城市化研学，让学生们深入了解家乡济南的历史文化、人文地理、民风民情，学校组织学生走进民俗文化博物馆研究民风民俗；深入老街老巷探寻民俗文化；来到济南市民俗艺术馆了解民俗艺术瑰宝；走进泉水人家民俗馆，感受老济南的民俗文化和百年前的风土人情。学生在市内研学中感悟着传统文化的魅力，追寻着民俗文化的精髓，在领略齐鲁大地的文化精粹中，追寻中华民族的文化之魂、民族之根。

探根之魂——传统文化旅行式研学。学生们游历儒家圣地——中国人三千年来的精神家园，曲阜。在孔府，学生来到孔子学堂，体悟中华民族的本源哲学，重塑敬师爱学的华夏古风；学生们亲历六朝古都——南京，触摸着近代中华民族兴亡历史的坐标；学生们巡游西安——汉武一统，一带一路走向远方的起点。在临潼,我们的学生看两千余年前的地下铁骑,感受华夏一统的震撼时刻。

扬根之梦——多元文化国际化研学,借助国外交流平台,学校定期开展国际化研学旅行,学生们走出国门触摸世界,了解更加多元的国际文化。国际研学中,学生们的角色由校园学生转变为世界公民,先后前往美国、加拿大、英国、奥地利等国家,参观国际名校,游览国家公园,访问历史古迹,体验不同国家的风土人情,在国际研学中开阔眼界、提升境界,在传播中华文化的同时也得到了异域文化的滋养。

(5)"通中国文"——经典诵读与学科育人相助

现代教育中的书艺,不但要有文学底蕴,更要有会学习的能力。开卷有益,益在何处?结合学校办学理念,我们开展了与"国学诵读经典同行"为主题的读书系列活动,在前期主题阅读、诗词赏析的基础上,着力开展班级、年级、学校三个层面的"共享阅读新时代"主题活动,让学生在和谐浓厚的读书氛围中,切身体会"开卷之益"。在营造读书氛围、打造书香校园的同时,将"共享"概念引入校园生活,帮助学生在汲取知识养分的过程中形成规则意识、践行公民意识。

(6)"圆中国梦"——科学体验与科技创新相生

现代教育中的数艺,不仅是数学之数,更指向培养学生的创新意识、树立创新精神和发展创新能力,而这些能力也是德育的重要组成部分。依据我校传统、科技两翼共同发展的理念,搭建了许多诸如"头脑风暴""领袖训练营""创意时代"等锻炼学生思维、提升学生创新能力的平台,在多样化的平台活动中,让学生的进取心、责任感、求知欲、意志力、合作精神等良好的品质都在科技创新活动中潜移默化,从而激发学生生命潜能。

不积跬步无以至千里。通过对德育课程进行系统化、科学化、创新化的探索,积极构建课程评价体系。我们采用质性评价与量性评价相结合的方式,拟采取六大评价项目,包括"光彩中国娃""炫彩中国娃""风采中国娃""妙彩中国娃""文采中国娃""溢彩中国娃"。学生在"守中国礼、学中国艺、强中国身、研中国风、通中国文、圆中国梦"课程学习中,只要有内在的生长、精神的自觉、个性的彰显,即可夺得其中的单项中国娃,也就是学校最骄傲的"出彩中国娃"。通过这样有特色、多元化的评价体系,引导学生看见自我、彰显个性,将更多的注意力放在儿童天赋与多元发展的生长中,鼓励学生适性发展。

博大精深的中华优秀传统文化是我们在世界文化激荡中站稳脚跟的根基。立足张扬学生个性差异、提供多元发展平台、让每一位学生都出彩的"出彩中国娃"德育品牌课程,通过多年实施路径的探索、提升、丰厚,已经成为学校具有独特魅力的品牌德育课程。学生在德育品牌课程的学习中,不断吸取传统"六艺"之教育精华,弘扬中华传统美德,在传统文化的点滴浸润中,逐步实现"全人"的发展,成就了南上山学子"各美其美"的出彩人生。

2. "水润"德育课程以"尚水"为要

济南市市中区泉海小学建立于 2013 年,依托于南上山教育集团,学校发展迅速,几年来,学校以"水文化"的校园底色,以中国情怀、国际视野的办学理念为指引,构建了系统的水润德育课程,以水养德,弘道育人。

(1)课程基础

泉海小学水润德育课程是构建在学校水文化的基础上的,学校校训"溯本清源"源自泉的孕育,喻指让文化探索源头,让人性追求本真,让教育返璞归真;"包容开放"源自海的启迪,即在包容中体现兼收并蓄的思想精神,体现和而不同的文化氛围,体现对每个人的关爱呵护,并在开放中汲取营养,在开放中探索新路,在开放中孕育创新。

(2)课程总目标

泉海小学水润德育课程,内容丰富,我们将弘扬民族精神和培育国际意识融入德育课程中,我们将课程与德育相结合,促使素质教育目标具体化。总校育人目标是"民族底色,现代气质"。泉海小学则以"泉"的灵动和"海"的博大定位人才目标,培养"灵动自信坚韧求新"的泉海学子。即以水为镜,使泉海学子具有"欢畅淋漓的灵动,一往无前的自信,滴水穿石的坚韧,自动自发地求新"。

(3)课程内容

泉海小学德育课程主要包含三类子课程,即:五生德育课程、尚水养正君子课程、水文化研学课程。

全面成长——五生德育课程。五生德育课程包含生态、生存、生活、生命和生长五项成长分课程。涵盖学生生活和学习中的大部分内容,以五生为基础,学校构建了水润德育课程的基础。

内善修身——尚水养正君子课程。在五生德育课程的基础上,学校关注学生个人道德素养的养成,进一步开发了尚水养正君子课程,根据《中庸》"养心正行"的思想境界,以学校"水润文化"为基础,结合《中小学德育工作指南》中提出的"课程育人""文化育人""实践育人""活动育人"路径,在本校校情和学情的基础上,将课程目标定位为:内养其心,外正其行。尚水养正君子课程内容如下图:

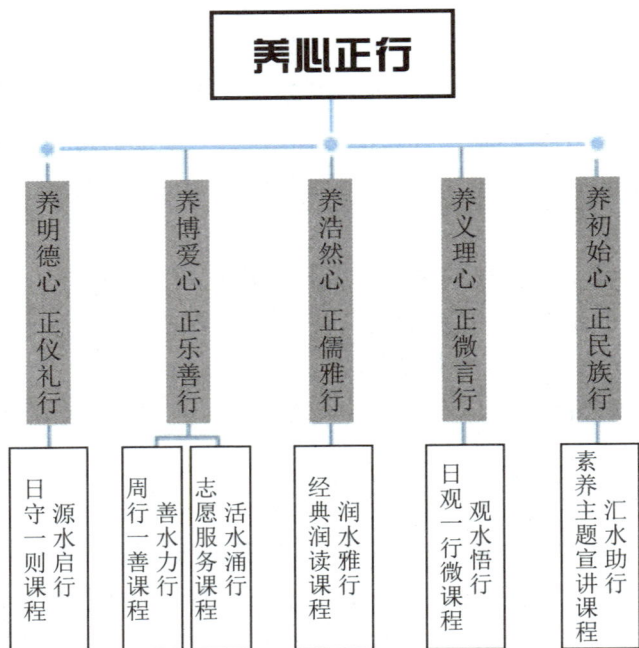

图三　泉海小学"尚水养正"君子课程架构图

行走成长——水文化研学课程。为真正将研学旅行作为实践育人的有效途径,学校结合域情、校情、生情,围绕学校德育目标以水为镜的理念,有针对性地开发了以水文化为依托、以"泉系列""海系列"为主题的"济水之南"泉城文化研学课程和"沿海之行"海洋文化研学课程。"水文化"研学课程包含内容如图:

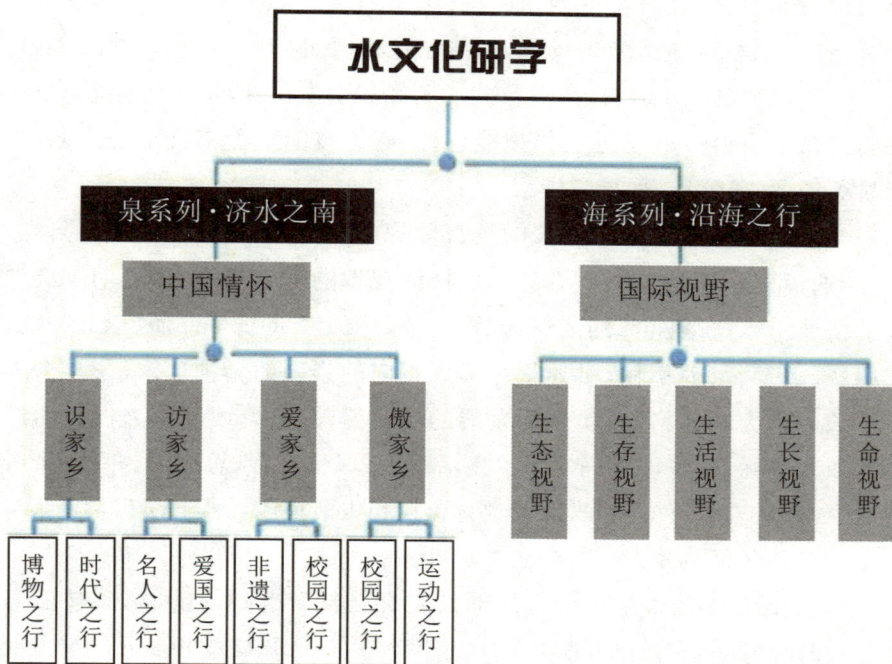

水文化研学

泉系列·济水之南

海系列·沿海之行

中国情怀

国际视野

识家乡

访家乡

爱家乡

傲家乡

生态视野

生存视野

生活视野

生长视野

生命视野

博物之行

时代之行

名人之行

爱国之行

非遗之行

校园之行

校园之行

运动之行

图四 泉海小学"水文化研学"课程架构图

（4）课程评价

基于水文化的"水润"成长课程，学校还设计了"水文化"评价体系。以泉海小水滴量化评价学生的德育表现，并开发泉水文化评价卡，在对学生的德育成长进行评价的同时，渗透泉城水文化，体现了评价和成长的双重统一。

3."德华"德育课程以"生长"为根

泉欣小学作为南上山教育集团中海国际社区的第二所分校，在集团"共融共好、整合发展、各美其美"的集团理念引领下，在总校文化积淀的基础上，在"教育即生长"办学理念引领下，将生长教育融于学校的德育课程中，构建了学校"德华课程"，并通过"积极达观"的阳光心智，"主动发展"的向上精神，"清新独特"的清逸人品，"友善仁爱"的德华品质培育，以此积德能、生德慧、正德行、养德性，引导学生形成正向的崇高的精神追求，彰显个人自由生长的能力和品格，培养具有独特风华的泉欣学子。

秉承"教育即生长"理念指引，德华课程紧紧扣牢"生活育能、成长育行、思想润德"三个维度的内容,其中:润德显人格之本——通过精神之德、信仰之德教育塑造学生灵魂,引导学生求真、向善、尚美;导行立成长之基——通过节日文化教育、庆典仪式活动涵养学生精神,从而培育德华少年;育能助生活之源——通过操作技能训练、心智技能培养丰富学生生命,从而彰显英华、涵养荣华,尽显芳华。

学校将生长教育融于学校的德育课程中,将育人目标定位为:阳光、向上、清逸、德华,即培养学生具有"积极达观"的阳光心智,"主动发展"的向上精神,"清新独特"的清逸人品,"友善仁爱"的德华品质,以此积德能、生德慧、正德行、养德性,引导学生形成正向的崇高的精神追求,彰显个人自由生长的能力和品格,落实全面发展的核心素养。为落实"阳光向上清逸德华"教育目标,德华课程确立了"生活育能、成长育行、思想润德"三个维度的内容,并从思想道德课程、仪式教育课程和生活技能课程三个方面开展。

(1)以生活为本,育学生能力

以生活为本是指学生个人层面的生存技能、交流技能和情感技能等的培养。技能培养做实做细:根据学生的年龄特点、认知梯度和多元发展方面进行归类和梳理,制订出涵盖六个年级的学生生活所应会的技能,并落实实施。通过教师课堂教授——学会,家长在家培养——训练,课后自主学习——夯实等方式学会生活技能,并内化为学生行为习惯。通过周评——小队检测、月评——班级检测、终评——学校检测,培养学生的生活技能。结合德育课程,我们开展"叶的精彩——叶之路生存技能课程、叶之声交流技能课程",本学期开展"叶之梦情感技能课程",给学生自主料理生活、自如与人交流、自然向上成长能力的展示平台,以期学生自主保障身心、自主塑造品德。

(2)以成长为要,导学生行为

拓展体验做全做真:节日活动课程在上学期"入学课程""百日课程""国庆课程""元旦课程""春节课程"等的基础上,继续结合有实效有教育意义的学生成长节点,开设符合学生认知规律和成长规律的具有泉欣特色的活动课程体系,如"三月春风行动"活动课程中的雷锋日、妇女节、植树节三个节点,"清明踏春"活动课程,六一"欣叶协奏曲"活动课程等。让学校因好玩、有活力的课程和活动而更有吸引力,使学生在泉欣的沃土上自由自主成长,纯真的天性和与生俱来的能力得到健康生长。

仪式教育还包括常规培养，特别是新建学校，做实常规是非常有必要的。课程实施同时，重视构建动态的、开放性的、着眼于学生发展的"绿色"评价体系，从"重结果"走向"重过程"。三月以向雷锋学习军训活动重点打造班级方队，四月借助运动会开展三操评比，五月围绕劳动节主题开展卫生系列活动，六月结合新生入队开展礼仪活动。所有面向班级的评比以表扬鼓励为主，表扬班级在这五方面的好行为，根据评选情况发放"欣叶卡"，积淀班级成长点滴。

（3）以思想为基，润学生心灵

在区教育局建构起德育课程、学科课程、传统文化课程和实践活动课程"四位一体"的德育课程实施格局要求上，我们从全学科育人、全员育人、全过程育人层面，培养德、智、体、美、劳全面发展的风华少年，实现"全人"的培养。

必修课程以全学科教育为抓手，保障学生的基础学习和学科活动：如品德和班队会课塑造学生人文情怀；语文数学英语学科培养学生学习能力；体育学科锻炼学生健康体魄；美术音乐熏陶学生艺术素养；信综实践课养成学生适应社会能力。选修课程以开设的社团活动为抓手，学生从根据其兴趣爱好而参与的社团活动中提高社会生活的能力。活动课程鼓励学生参加根据自身能力而主动参与的比赛，促进学生个体能力提升。

课程开展中，学校时时抓住学生生活中的教育点开展实践活动：以"叶的精彩"叶之路生存技能课程、叶之声交流技能课程、叶之梦情感技能课程，培养学生自主料理生活，自如与人交流，自然向上成长的能力。以丰富的节日活动课程扩容拓展体验，让学校因好玩、有活力的课程和活动而更有吸引力，使学生纯真的天性和与生俱来的能力自由生长。

4. 以"动静"为基的"善静"德育课程

济南市市中区泉海学校小学部是一所创建于 2017 年的新建校，学校以"心静致远，形动拓新"为办学理念，深入贯彻落实立德树人的根本任务，坚持育人为本、德育为先，把培养"静如处子，动如脱兔"的静好少年作为学校的育人目标，全面实施素质教育。在探索"国际性、开放化、生态式"学校教育的同时，学校也在坚守中华优秀文化对学生的浸润。学校从动、静两方面形成纵横交织、多元立体的人才培养模式，构架起"善静"德育课程体系，既有纪律的约束，又不阻碍学生天性展放的自由，培养学生的品格，让学生悦动成长。

（1）"动静有常"——主题月常规养成活动课程：以月为单位，每个月都主题鲜明，围绕育人目标主要侧重"静"的行为培养。结合学校德育常规计划确立每月培养侧重点，以主题系列化的常规培养课程，引领学生形成基本行为习惯。3月环保教育月——心理健康活动课形式开展安全教育活动，培养学生安全意识，在训练自我防护复苏之时，借助"植树节"发动全校师生开展植绿护绿活动，分年级分主题进行环保教育，从认识植物、爱护植物到植树行动，让学生在活动中体验环保的乐趣，身体力行地感受环保的魅力。4月健康教育月——随着气温回升，季节交替，重点关注学生身体健康变化，通过健康体检、心理状况摸排等形式，引导学生养成良好的生活习惯，学会爱护自己，健康生活。5月劳动教育月——以劳动节为契机，引导学生关注身边的劳动人民，学会感恩他们的辛苦付出，并且身体力行，学习一项家务劳动，掌握一种生活技能，在劳动中培养独立自主的生活意识，感受劳动的快乐。6月艺术教育月——以六一儿童节为引导，围绕学校文化艺术节为主线，组织各班开展艺术文化展演，通过班级节目评比的形式，激发学生参与文娱活动的积极性，推选优秀节目进行展演，培养学生的艺术素养。9月常规适应月——通过对学生日常行为习惯养成的培养，引导学生熟悉学校常规要求，尤其是对一年级新生的日常行为教育，为新学年工作的开展立规铺路。10月红色教育月——结合"革命烈士纪念日""十一"国庆节、"十一三"建队节等重点节点，进行全校学生的爱国主义教育，培养学生对党和国家伟大领导的崇高敬意，强化少先队员对少先队组织的光荣感和组织归属感，践行革命使命，传承红色基因。11月家校沟通月——通过各班级、各年级以及校级家委会的成立和换届选举，进一步凝聚家长力量，让家长走进校园、走进学生，融合家校合作新力量，更好地巩固和谐的家校关系，让教育之花绽放在更广阔的舞台上。12月安全教育月——重点围绕"学生生命健康、心理健康"为主要内容，以安全教育讲座、安全疏散演练技能，共筑平安校园。

（2）"动静有法"——综合素养特色活动课程：主要侧重"动"的行为展示，确立不同活动内容：班级文化艺术节、经典诵读文化节、趣味数学节、体育成长训练营、生命健康活动营……一系列与课程相适应的学科拓展，在人人参与和体验中，引领学生形成综合素养和能力。

班级文化艺术节：以美术、音乐两大学科为着力点，充分挖掘班级艺术创造力,实现"人人可参与、班班创精品"的校园文化氛围,让学生在参与班级活动的同时,展示自己的特色能力与文化素养。

经典诵读文化节:以学校诗词大会为切入点,引导学生在阅读中发现文字的魅力,结合班级早读文化,促进"人人积累、天天进步"的习惯养成。同时,学校还给各年级购买特色书目,实现年级内"读书漂流"活动,进一步强化学生阅读积累,提高学生的阅读素养。

趣味数学节:数学也能玩出彩,数学老师们每学期通过组织趣味数学节,利用数学游戏、数学讲题的形式,引导学生积极动手、动脑参与数学活动,在游戏中发现数学的乐趣,培养数学思维,极大地提高了学生的学习兴趣。

体育成长训练营:通过举办不同主题的体育成长训练营,稳步推进学生体质健康成长,为期一个月的体育训练打卡活动,极大地调动学生参与体育运动的积极性,借助全员运动会的形式,展示学生的运动风采,实现学生体育素养的提升。

生命健康活动营:借助心理健康活动、安全教育等,组织开展一系列的安全演练、生命健康教育、防溺水安全教育、防校园欺凌教育等,引导学生认识生命健康、心理健康的重要性,丰富学生的课余生活,养成健康生活的好习惯。

(3)"娟好静秀"——我们的节日劳动教育课程:主要关注"静"态文化和"动"态课程的学习与体验,从文化育人、课程育人、情感育人、实践育人、协同育人几方面,充分挖掘潜在的教育资源,建立起立体式、开放式、全覆盖的网络体系,构筑和谐德育环境,更充分、全面地发挥节日文化的铸魂作用。通过挖掘传统节日与现代节日的丰富内涵,打造新时代劳动教育的教育新理念:妇女节——侧重感恩教育;植树节——侧重环保教育;清明节——侧重红色教育;劳动节——侧重劳动精神教育;端午节——侧重爱国主义教育;中秋节——侧重家国情怀教育;重阳节——侧重敬老爱老教育;春节——侧重文化传承教育;元宵节——侧重文化传承教育。

以学生劳动体验为线索,探索课程模式研究。我们经过初步的实践探索,在探索"我们的节日"劳动教育课程模式过程中确立了"四环"劳动课程模式,即节日文化研究—微课技能指导—分层协作体验—多元展示评价。通过模式的研究和实践,打造具有丰富文化内涵和劳动意蕴的劳动教育,让学生真切感受劳动的意义与价值。

（4）"心静致远"——综合体验研学课程：教育回归生活，让"动静"教育充满生机。主要通过家校社的联动，建立起综合性、主题性、项目式的综合体验课程，引领学生将德育的本质回归生活，形成更丰富、多元的成长经历和课程体验，在研学与体验中感悟生命的力量。

结合学校学生年龄特点，以特殊节日为落脚点，开展综合体验研学课程。借助"植树节""清明节"鼓励学生在家长的陪同下，走向社区——植一棵树护一丛绿，为家园增添一抹绿色；走向社会——清明扫墓敬英雄，缅怀革命先烈，传承红色基因。

以建党百年为契机，推动红色研学实践课程。鼓励广大少先队员、预备队员们，学习一种党史精神，讲述一个党史故事，打卡一个红色地标，以班级为单位，走进革命烈士纪念馆、莱芜战役纪念馆、五龙潭公园、消防救援中队等地点，切身感受革命精神气息，穿越时空与历史对话，让红色印记扎根心中，感悟党和国家的伟大。在丰富多彩的课程活动中，塑造了学生身心，见证了学生的点滴成长。

集团德育的稳步推进，实现了各校区德育工作的深度融合和高效联动，达成了集团德育队伍的抱团发展和专业支撑，打造了集团各校区鲜明的德育课程品牌，呈现出蒸蒸日上的发展态势。今后，南上山教育集团德育工作将紧扣时代脉搏，在共享、互通、合作、共生中实现集团优良教育资源的均衡发展，并惠及更多的教育受众群体。

二、汇集团之智 行研学之路——济南市南上山教育集团研学课程样态

读万卷书，行万里路。南上山教育集团始终将培养学生生活技能、集体观念、创新精神和实践能力作为育人工作的关键，而研学旅行正是能够让学生走出校园去认知社会、接触自然，参加益智增能的实践活动的渠道之一。南上山教育集团在总校的引领带动下，对标教育部等11部门《关于推进中小学生研学旅行的意见》进行了大胆尝试与探索，并将"涵养家国情怀"作为集团研学的共同目标，在研学课程实践中共享研学资源、共建研学课程、共探研学路径。

为了加深学生对传统文化的理解，培养学生对传统文化的认同，让学生在环境的浸润中、在立体的研学体验中成长为具有深厚文化底蕴的中华学子，南上山教育集团确立了契合集团核心文化和理念的"寻根溯源"研学课

程主题，将研究性学习和旅行体验相结合，充分利用课本以外的一切空间与资源，真正创造"身临其境"的学习环境，在"寻根"研学课程体验中拓宽学生思维和眼界，让研学真正成为学生终身受益的人生经历。

（一）植根之境——校园环境立体式研学

南上山教育集团在构建校园文化时，注重将文化植入校园景观，将理念融入设计细节，力求每一所校园都能将校园环境规划与研学课程开发巧妙结合，让校园每一面墙壁、每一处景点、每一款设计都呈现出凸显学校特色的印记，让集团各校区成为各具特色的民俗书院、泉润校园、诗词文苑，让校园研学基地在集团各校区一一展现。

南上山街小学依托自身办学特色，着力打造凸显学校核心理念的具有传统文化风韵的校园文化，学校将校园环境中植入中国传统文化知识，打造了"十大国粹"传统文化空间、"中国趣"传统游戏空间、"中国风"传统工艺空间、"民族情"民族风情空间、"体育馆"传统体育空间，五大传统文化学习空间的创设将学校校园文化与课程有机融合，在课程型景观校园的打造中，不断体现知识性与趣味性，将广阔天地的学习资源浓缩成校园环境中的微缩景观，从而引导学生把自己成长的环境作为学习、研究的场所，对校园中蕴含的民俗文化进行直接的接触与观察，让研学在校园的各个角落都能真实地发生。

南上山街小学将由文化墙、荣誉墙、校训墙围绕而成的学校操场设置为研学旅行的第一站。新生入学之初，我们组织一场国学启蒙的入学仪式，于无形之中开启传统文化的研学之旅；为了让阅读悄然发生，方便学生随时随地地阅读，享受无处不在的阅读空间，我们精心策划了一场"边走边学"的校园研学；大自然是学生最好的老师，也是最好的学习场所，我们在学校顶楼设计的"百草园"让学生走出教室，使学习研究与自然万物同栖，在优美的校园中体验一场幸福的生活美学。

在泉海小学，学校将"校训墙""理念墙"作为研学旅行第一站，将学校特色的"一亭（汇波亭）、一园（尚水园）、一广场（润源广场）"作为对低年级学生理解学校水文化的宣传教育主阵地。同时，借助尚水园内的"72名泉文化墙"对学生进行济南泉水文化的初步浸润，增强学生对家乡的热爱，提升学生探索实践的好奇心。打造讲述"泉宝和他的朋友们"的泉海故事的育人空间，使学生时刻浸润在水文化的滋养中，享受水润童年，文明幸福成长。

（二）寻根之源——乡土情怀城市化研学

《中小学德育工作指南实施手册》中明确提出，"（研学）小学阶段以乡土乡情为主。"我们的故乡泉城济南百泉争涌，城内泉水众多，清澈的泉水孕育了深厚的文化内涵。为了使学生爱泉、赏泉、弘扬泉水文化，集团特别开设了"访家乡泉韵"研学课程。

1."访名泉故居"研学课程

济南市南上山街小学在研学中，带领学生走进曲水亭街探访七十二泉中的"灈缨泉""芙蓉泉""珍珠泉""腾蛟泉"，行走在斑驳的石板路上，观赏泉涌汩汩流出，欣赏老街老巷的别样景致。泉海小学以"大明湖、趵突泉、百脉泉、老街巷、机场"为中心，走进那些各具风格的故居，如铁公祠、秋柳园、王雪涛纪念馆、李清照纪念馆、白雪楼、稼轩祠、老舍故居、辛弃疾故居等，了解他们的故事，感受历史的足迹。

2."寻民俗文化"研学课程

为了让学生们深入了解家乡济南的历史文化、人文地理、民风民情，南上山街小学开设了"寻民俗文化"研学课程。学校组织学生走进民俗文化博物馆研究民风民俗；走进园林式古韵文化民居"百花洲"景区体验传承；深入老街老巷探寻民俗文化；来到济南市民俗艺术馆了解民俗艺术瑰宝；走进泉水人家民俗馆，感受老济南的民俗文化和百年前的风土人情。学生在市内研学中感悟着传统文化的魅力，追寻着民俗文化的精髓，在领略齐鲁大地的文化精粹中，追寻中华民族的文化之魂、民族之根。

3."游场馆地标"研学课程

在泉海小学"博物之行"课程体验中，学生走进了济南不同主题的博物馆，如济南市孝文化博物馆、宏济堂产业园、山东省博物馆、齐鲁钱币博物馆、山东省邮电博物馆、济南市博物馆、蔡公时纪念馆。九大场馆，九大主题，寻古问今，溯本清源。"时代之行"中，学生走进极具济南特色的地标性建筑，宽厚里、济南第一高、泉城广场、省会大剧院、西客站，倾听济南最时代的声音。通过"博物之行"和"时代之行"，学生更深入地体会到了我们的家乡济南最独特的魅力，那历史传承的力量和时代延绵的温情激荡在心中，增强了学生对家乡对国家的认同感和自豪感，涵养了中国情怀。

泉欣小学走进龙山博物馆，透过玻璃窗细致观看展柜里陈列有序的文物，在聆听中了解每件文物背后的历史，在参观中悉数精美绝伦的龙山出土文物，巧夺天工的蛋壳陶杯黑如漆、亮如镜、薄如壳、硬如瓷，让孩子们叹为观止。学生们在研学中了解了章丘悠久的历史、灿烂的文化，仿佛站在现代文明的顶端，感受古代文明的脉搏与传承。

4."访红色历史"研学课程

红色文化作为中华民族的宝贵财富、教育资源和精神遗产，无论是过去、现在还是将来，都是我们战胜一切困难的精神源泉。由此，南上山教育集团开发了全方位、多层次的"访红色历史"研学课程，依托济南战役纪念馆、英雄山革命烈士纪念碑、解放阁、五三惨案纪念堂、蔡公时纪念馆等红色资源，让学生们瞻仰革命遗址，目睹沧桑巨变，在经历红色洗礼的同时、接受革命教育的同时激发浓浓的爱国情怀。

济南市南上山街小学和泉欣小学的学生在红色研学活动中，走进莱芜战役纪念馆，祭扫烈士塔、敬献花篮、参观莱芜战役纪念馆和鲁中南抗日战争纪念馆，了解革命先烈在抗战时期的故事，缅怀革命英烈，致敬时代英雄。南上山街小学学生还走进雪野湖中国航空基地，了解战斗机的性能和设计理念，亲手制作飞机模型，在课程体验中深深激发了身为中国人的自豪感，并为我国航空技术的发达感到骄傲。

泉海小学的老师们带领学生走进蔡公时纪念馆、五三惨案纪念馆、五三惨案纪念碑、英雄山、人民英雄纪念塔、济南战役纪念馆、解放阁、山东省党史陈列馆、中共山东省领导机关旧址、上新街80号颐园，缅怀革命先烈，接受红色洗礼。

泉欣小学走进台儿庄大战遗址公园，在满目苍夷的弹孔墙前、在53处二战遗迹的见证中，队员们聆听那些战争的故事，感悟现实生活的来之不易。研学导师带领学生诵读抗战家书，让学生们勿忘历史、珍爱和平，坚定为实现中华民族伟大复兴的中国梦而努力奋斗。学生们还参观了被誉为"百科全书"的主题展馆，参观运河秦疏展馆(闸官署)，了解台儿庄因河而兴的故事，并参观中国运河招幌博物馆，在参观中学生们了解到了什么是招幌以及明清时期京杭大运河沿线的商业文明。

5."悟劳动之美"研学课程

泉欣小学学生前往利和庄园，开启劳动研学课程。学生们跟随老师的脚步来到种植大棚,学习关于水果蔬菜的科普知识。在种植的过程中,孩子们互相配合、精心劳作,体会劳动的含义,分享劳动的收获。学生在"陶土DIY"课程体验中了解了陶土的制作方法,掌握塑形的工艺技巧,在搓、揉、压、捏中大显身手。通过陶土DIY体验,学生们了解了龙山文化的代表——黑陶文化,感悟了劳动的意义。在"植物印染"课程中,学生学习用植物染色的传统技艺,寻找最原始的颜色,采集最自然的叶片,完成复杂的印染工作在动手中锻炼灵巧的小手,感悟古代劳动人民的杰出智慧。

(三)探根之魂——传统文化旅行式研学

中华民族悠久的历史和丰厚的文化内涵是莘莘学子一生探寻的宝藏。在传统文化研学旅行中,学生们的文化归属感与自信心得到不断增强。

1."访历史遗迹"研学课程

南上山街小学在课程中带领学生们游历儒家圣地——中国人三千年来的精神家园,曲阜。在孔府,学生来到孔子学堂,着汉服、行古礼、拜祭孔子、拜谢老师,体悟中华民族的本源哲学,重塑敬师爱学的华夏古风;学生们亲历六朝古都——南京,触摸着近代中华民族兴亡历史的坐标,探寻一段历史,珍藏一抹记忆。在南京大屠杀遇难同胞纪念馆,我们的学生默思历史,感悟战争的残酷,激发万众一心的爱国情怀;学生们巡游西安——汉武一统,一带一路走向远方的起点。

南上山街小学的学生们走进"力明艺术宫",参观了3200块古代匾额、古朴典雅的中医堂,琳琅满目的中药材让学生仿佛置身于中医时代。民俗博物馆陈列的物件犹如一本生动的历史教材,展现了悠久的历史和灿烂深厚的民俗文化。地质博物馆更是带给学生奇妙的地质之旅。学生在中医药博物馆中了解中医药文化的起源与发展史,认识了各种药材的种类与功效,可谓收获良多。

学生在寻访历史遗迹中感悟中华民族悠久历史与文化,提升了学生对中华文化的自信心,学生们在中华大地的大课堂中走进传统,体验非遗,在民俗文化的熏陶下增进学识,修身养性,他们走过的路、见过的风景、有过的阅历会化成气质,融汇在血脉里,成长为带有民族烙印的独一无二的自己。

2."启沿海之行"研学课程

泉海小学的"沿海之行"海洋文化研学课程贯穿整个中国的海岸线,学生在老师系统带领学习研究后，亲自来到实地考察学习，了解中国每一处海岸线的不同海洋知识、海洋文化。同时学生将结合学校"五生"德育课程体系展开系统的研究学习，从生态、生存、生活、生长、生命五大领域有针对性地对不同地域的海洋文化进行研究。

在课程体验中，学生了解了不同沿海地域的海洋知识、海洋生物之间及海洋生物与其海洋环境之间的相互关系、海水温度、海流、海洋发展历史等海洋知识，明白了海洋对于人类、自然的重要性，激发学生保护海洋的理想信念。同时，在生存领域学生将会了解不同沿海领域劳动人民不同历史时期的海洋经济、海洋生存、与海洋长期打交道积累的丰富的海洋生存知识、海洋灾害自救知识，丰富学生的生存知识体系。生活领域学生将了解山东不同沿海领域人民根据各自海洋的特点所形成的不同生活习惯、生活知识、生活技能、生活习俗，感受海洋和人们生活之间的密切联系，以及对人们生活的巨大影响，亲身实践感受海洋生活，体验渔家生活乐趣。生命领域学生将了解山东不同海域以及海洋内部不同海洋生物的生长、生存特点，阅读海洋知识相关书籍，了解不同地域海洋艺术文化特色，感受海洋饮食、服饰、信仰、住宅等不同特色，同时了解海洋文明下，人们的革命爱国主义理想信念。生长领域学生将在自主学习、参观学习、了解积淀海洋知识的基础上，收获自己对海洋的独特思考。通过运用海洋文化、弘扬海洋精神、促进自己成长，为每一个成长阶段奠定坚实的基础。从而最终达到提升学生热爱海洋、保护海洋、建设海洋、与海洋生态和谐相处的德育教育目标。

（四）扬根之梦——多元文化国际化研学

南上山教育集团龙头校是山东省首批华文教育基地，借助这一对外交流平台，南上山街小学牵头，定期开展国际化研学旅行，学生们走出国门触摸世界，了解更加多元的国际文化。

国际研学中，南上山教育集团的学生们的角色由校园学生转变为世界公民，先后前往美国、加拿大、英国、奥地利等国家，参观国际名校。在英国托马斯小学，学生们走进课堂，与同龄的孩子围坐在一起，在全英文的环境里锻炼沟通能力，在活动时间组队游戏、开心畅聊，全面融入学校氛围。在加拿大，学生入住寄宿家庭，和"家人"一起生活，融入家庭日常，在生活点滴中深切感受当地文化和生活习惯。在奥地利，学生们走进校园感受不同的文化氛围，体验着有序和规则、尊重与平等。国际研学旅行让学生们看到真实的世界,看到不同地区、不同文化的真实生活。他们在互动式课堂体验了学习的妙趣横生,在欢声笑语里领略海外的教育精髓,在实践活动中探访不同的文化历史,在触摸世界风情的同时理解文化差异,提升思维格局。

培育家国情怀,既是对薪火相传的中华优秀传统文化精神的大力弘扬,也是对深切体悟家乡风土人情的深情召唤。南上山街教育集团"寻根溯源"研学课程的构建,让课本以外的一山一水、一草一木、一事一物、一情一景皆成为教育资源,从而让研学随时发生,随处成为"行走的课堂",真正实现研有所思,学有所获,游有所感,行有所成。各校区在研学课程开发与实践中,始终坚持以传统文化为核心,以涵养家国情怀为目标,以研学旅行为载体,将传统文化与研学旅行相结合,将家国情怀的培育贯穿于行走的课堂,让研学旅行真正成为课堂的延伸和拓展,学生们在开阔视野的同时,体验着中国传统文化的魅力,激荡着爱家乡、爱祖国的深厚情感。

三、举集团之力 塑育人之场——济南市南上山教育集团家校课程样态

南上山教育集团总校作为山东省优秀家长学校,一直致力于家庭教育的实践探索,继市中区家庭教育协同创新工作推进会之后,南上山教育集团继续以"家校共育"项目研究推动集团品质教育发展,集团分校泉海小学、泉欣小学、泉海学校小学部、济大附小校区四校区紧跟研究步伐,积极成立"家庭教育指导与研究中心",逐步完善家校课程建设,全面实施"家长素质教育计划",陆续启动"教育·家"大讲堂,通过种种举措,最大限度地整合集团教育资源,使集团内数以万计的家长都能依据自身不同需求,在区域内共享家庭教育资源,享受到家庭教育的专业指导与智慧分享。历经几年的科学发展,现已构建起"集团统领 学校组织 家长参与 社会支持"的集团家庭教育新格局,使集团家庭教育走上了健康发展的道路。

(一)集团统领与项目研究并进

一个区域的家庭教育的发展,需要有统筹推进的机制以及丰厚资源的保障。在市中区家校共育项目组的指导下,南上山教育集团率先将集团化办学与德育项目研究相连接,实现集团内家庭教育的统筹推进与抱团发展,以达成集团校区内教育均衡的目标。集团各校区打破资源壁垒,走上了共融、共

进、共生的发展之路。"龙头校＋新建校""新优校＋薄弱校"等模式的尝试，通过定向输出骨干教师、管理文化、优质资源，使集团各校找到"最近发展区"，实现了"加速度"发展。

南上山教育集团打破"资源墙"壁垒，统筹使用家庭教育专家资源、课程资源。总校携手中国教育学会，为集团各校区家庭教育指导教师量身定制家庭教育指导课程，开辟家庭教育学习线上平台；打破"理念墙"，借助互联网、微信平台，将集团优秀家庭教育经验、家长学校微课资源进行整合、分享，树立家庭教育的新观念；打破"人才墙"，由总校输出家庭教育骨干团队，在市中区家庭教育现场会中以家庭教育微成果发布的形式做经验分享，以亲身实践引领集团家庭教育指导教师的专业发展。

（二）线上讲堂与线下分享并轨

在集团统筹推进下，各校区"教育·家"大讲堂线上课程逐步展开，各校区依据区域家庭现状及家长需求，确立本校家长学校办学理念，积极开发家长学校特色课程，面向不同层面的家长开展了兼具科学性、针对性和实效性的"教育·家"大讲堂活动。各校区采取"线上讲座"＋"线下论坛"相结合的方式，设计菜单式课程内容，打造立体化平台。各校区不仅利用公众号分期推送家庭教育指导文章，而且邀请多位家庭教育专家走进校园，以沙龙、讲座、座谈等形式进行教育智慧分享，以指导家长切实遵循孩子身心发展和教育规律，最大限度满足家长自身需求和社会发展要求。

集团各校区以问题为导向，进行了家庭教育慕课的录制，南上山街小学和泉海小学录制的微课不仅在微信公众号广为传播，还入选市中区家庭教育微课资源库，受到家长们的广泛关注。南上山街小学利用寒暑假推出的家庭教育系列课程，针对不同年级家长在家庭教育中的困惑，在线上进行了系统培训和专业解答。泉海小学"心海"家长学校在抖音公众号陆续推出有效沟通与专注阅读专题课程，对家庭教育给予科学指导。泉欣小学和泉海学校小学部分别开设线下主题课程培训，邀请多位家庭教育专家走进学校、走进班级，与家长进行面对面的分享与指导。

（三）专业讲师与本土师资并行

集团家庭教育的发展和家校共育的推进，更需要有科学的理论支撑和一支高水准的家庭教育师资队伍。集团采用"引进专家更新理念"＋"依托高校培育名师"的双重方式,打造优质的家庭教育讲师资源。南上山教育集团各校区先后与"山东省青少年发展研究中心"理事长张光年、"山东师范大学家庭教育研究中心"教授孔屏、山东中祺心理咨询讲师泰祺、"盛华同心"家庭教育讲师殷永胜等专家签订合作协议,助力集团各校区家庭教育课程的高效、系统推进。

为尽快培养南上山教育集团专业素质高、业务能力强的学校本土化的"双师"型教师,打造一支家庭教育专业团队,集团各校区坚持理论学习与实际操作并重,以专家培训与自主学习结合、线上研修与线下面授结合的方式,着力培养优秀的师资队伍。集团十余位领导干部分批次参加了山东师范大学家庭教育培训,获得家庭教育讲师资格,同时,先后派出十余位骨干教师参加济南、烟台、重庆、杭州等地的家庭教育培训,提升了个人专业素养,打造了一支优质的家庭教育师资队伍。

(四)集团共进与课程特色并现

各校区依托集团平台,不断整合教育资源,力求共融共好,各校家校课程呈现出自主发展、螺旋上升、各美其美的发展趋势。

1. 家道传承 以爱结缘

济南市南上山街小学作为"以传承中华文化、培育民族精神"为己任的百年老校,深刻感受到只有家校共育才能实现人的完整教育,因此,学校深入研究"传统文化在家庭教育中缺失的问题",进一步梳理家庭教育中亲子关系、有效沟通、科学陪伴等的痛点、难点,从而达成促进家校共育的最终目标。

(1)文化引领 寻根本缘

为发挥传统文化在家庭教育中对于人格塑造的重要作用,学校确立了"家道传承 以爱结缘"家校共育理念,并植根"家文化",构建起"家缘"家校系列课程,探索通过传统文化,促进家校和谐的路径,使协同育人在家校间同向同行。学校力求以文化理念为引领,通过家校携手,合力培养具有民族底色、现代素养的南上山学子。

(2)组织建构 联通情缘

在组织建构方面,学校遵循了让专业团队做专业事情的原则,以"整合资源 协同发展"为目标,设立了"校务委员会""学校家长委员会""家庭教育研究中心"三个部门、十一个分支,形成了"部门联动、三线并行"的运作机制，使家长活动迈向系统化运行、规范化操作、团队化实施的新格局。同时，学校还探索形成了"三全三合"的家校共成长模式，即全员参与专业化培训，联合教育资源，通过普及型讲座分享，惠及万千家长；全程实施系列化课程，融合育人策略，通过特色化、阶梯式课程构建，破解家庭教育难题；全科培养双师型教师，凝合教师特质，通过本土化教师培养，统整教育智慧。"三全三合"家校共成长模式的构架，更好地实现了家长学校的学习化共生、智慧化互动、优质化提升。

（3）课程研发　探寻适缘

在课程研发方面，我校充分汲取了传统文化"家文化"的精髓，倾力打造了具有学校传统文化育人特色的"家·缘"家庭教育特色课程：家之学是由外聘专家执教的专题课程，有公共课程和选修课程两个板块；家之根是由家长讲师团分享的家教活动课程；家之教是由学校家庭教育指导教师执教的家教主题课程；家之责是由社会教育资源提供的家教融合课程。在实施课程的过程中，我们在关注家长素质提升的同时，更加关注学生的生命成长，将共生共长、合力共进作为最终目标。

（4）师资培养　共承渊缘

学校组建家长学校，通过"借力校外专家团队""培养校内专业团队""引入家长专才团队"，形成了一支集合家庭教育专家、家庭教育指导教师、教子有方的优秀家长的专兼职相结合的讲师团队，面向全体家长进行"头脑风暴"式的培训互动。同时，学校特别注重对本土的"双师型"教师的培养，通过专家培训、高校进修、实践历练等方式，着力打造双素质、双能力、双融合、双资本型家庭教育指导教师，营造出人人懂教育、时时共研究、处处有指导的局面。

（5）实施路径　创设机缘

在课程实施的时候，学校力求"线上＋线下"双线并进，校内、校外双轨并行，学校、年级、班级三方并驱。在实施"家之学"公共课程的时候，学校多次邀请孔屏教授、秦涛主任、泰祺、张光年等家庭教育专家线上、线下授课，帮助家长更新教育观念。通过"家之序"活动课程的推进，以最美家风推介、家教故事分享的方式，鼓励家长们传承家风、影响孩子。学校通过"家之教"主题课程的打造，通过家庭教育微课推送、教育智慧分享等线上交流的方式，把家校联通起来,引导家长树立科学的儿童观。

经过几年的努力,南上山街小学已经有 2 万人次参与到家长学校中来,学校家长的整体素质得到提升,家校关系也越来越和谐。

2. 水润沟通 润泽校园

泉海小学的家庭教育研究于细微入手,于德育中坚力量开始着手,着力打造水润沟通的润泽校园。

(1)滴水穿石,微处见真章

① 2020 年初,根据学校德育工作的安排,每班通过班主任向家长推荐家庭教育相关书籍。老师与家长同读一本书,开展广泛深入的学习、心得体会的交流与共享。在此基础上录制了 8 期读书微讲坛。通过老师微课形式对书中的精华内容再做讲解,利于家长的接受和学习。

②由于疫情,学生和家长们迎来了最特殊的超长假期,且都不同程度地出现了焦躁情绪,渴盼开学成了大家心心念念的共同主题。为了更好地表达老师们对孩子们的关注和嘱托,学校部分老师提笔为孩子们写下了一封封饱含深情的信件。说心情、诉心语、谈期盼、留嘱托,老师们用文字、绘画、书法等一系列多样化的书信形式给孩子们留下疫情期间的爱的心声。

(2)涌泉成流,专业出灼见

涌泉成流,泉海小学为家长提供专业的家庭教育指导。学校开展了"泉海一席谈·水润讲堂畅沟通"系列活动,为了更好地促进家庭内部、家校之间的沟通,学校结合不同年级学生和家长的实际需求,特别聘请了共青团山东省委特聘心理督导专家泰祺老师提供了"亲子沟通""非暴力沟通""青春期沟通"三项"沟通"专题网络讲座。并就家长的需求进行了二次课堂,为家长们带来了好玩实用的专项课程,让家长初步尝试沟通的便利和好处。

(3)溪流潺潺,合作促发展

家校合作总是在润物细无声中开展,如溪水般源源不断。疫情期间,为了在特殊时期更好地与各位家长进行交流,学校采取了"双线制"家访,即线上家访与线下家访相结合的方式。这种家访方式,涉及面广,班主任老师可以最大限度地与班内学生及家长开展随时随地的交流,减少地域与时效的限制。

(4)江河行地,实践出真知

生活是儿童成长的温床,生活德育是促进儿童成长的重要媒介,而在这个媒介中,父母起到不可替代的作用。基于此,结合《济南市生活德育"家庭三个践行"行动实施方案》精神,学校开展了"让亲情回归家庭"系列生活德育实践活动,力促上千家庭的品质生活。以"生活"为抓手,以"陪伴"为基调,结合"劳动教育",家校合力,共同促进学生成长。在此活动中,家长们带领孩子积极参与,"养机场""众厨坊""上书房"三个活动都如火如荼地进行,并且在此过程中家长与孩子们都收获满满。

(5)百川归海,众力促玉成

泉海小学心海家长学校根据《水润沟通》课程中爱的语言、善于倾听、悦纳自己、表达愤怒、学会感激五大类,分别设计三个学段的课程。依据本校的课程特点,开设基本理论课、实践应用课、专家指导课。除了相关课程以外,以玩促学、积极设计学具,让家长在玩的过程中进行有效学习。

①制作"沟通便利卡",针对非暴力沟通中的"爱的语言、善于倾听、悦纳自己、表达愤怒、学会感激"五大板块内容设置五大类"沟通便利卡",其中每类有 10 种沟通小方法。

②设计"泉海水润沟通手账",通过让家长每天记录手账的形式,不断地强化理论知识运用于实践,记录生活中非暴力沟通的点滴变化,到最后完全熟练掌握,从而改变亲子沟通方式。

③学校将开通"泉海水润沟通"抖音号,以微视频的形式讲解生活中常见的暴力沟通语言,并根据家长反馈的热点沟通问题,拍摄生活情景剧,并提供正确亲子沟通的可操作范本,让家长的学习和运用更加简单高效。

④设计"水润沟通游戏棋",根据前期设计的亲子沟通调查问卷,自主研发设计符合家长需求、调动孩子兴趣的水润沟通游戏棋,让家长与孩子重温亲子乐趣,既陪伴了孩子的童年时光,又深入了解了亲子之间的沟通情况。

3."欣家"教育 全"欣"生长

泉欣小学结合"教育即生长"办学理念,以泉浸润,全"欣"生长,结合市、区教育局指导意见,以"同向、同心、同力、同步"的协同育人宗旨为目标,打破学校围墙,创新家校共育模式,构建符合学区特点的"欣"型家校教育共同体。

(1)四位一体的"欣家"结构

泉欣小学结合学校多地区融合性特点,积极探索行之有效的家庭教育模式。一是纵向结构,成立校级、年级、班级三级家长委员会。其中班级家委会均设学术指导部、活动策划部、后勤保障部、外联宣传部等部门,每一位愿意助力孩子成长的家长都可以参与其中。学校通过大量家校活动的开展和探索,增进了家校间的融合与信任,并通过竞争上岗的方式参与年级、校级家委会,为我们的"同欣家长学校"助力。二是外延结构,形成家、校、社区、网络"四位一体"家长学校交流模式。泉欣外地工作的家长多,家长学校更需要点对点、可选择的交流模式,我们探索家庭、学校、社会、网络"四位一体"的家校共育环境,并以社区为依托,线上线下相结合,构建了"欣"家校教育共同体,在扩大教育范围的同时,多方面凝集教育合力。

(2)平等合作的"欣家"关系

在"欣"型家校教育共同体内,家长作为重要的一方,不再是学校教育工作的旁观者,而是群策群力、平等合作的参与者、合作者。学校采取主题式、体验式、参与式、志愿式的培训交流方式,让家长有更多的机会走进泉欣、心向泉欣、热爱泉欣、助力泉欣,最终将教育的力量凝聚到孩子们的身上。

①主题式培训依托父母学堂,在调研家长意愿的基础上,分学段分专题聘请专家为家长们带来更有针对性的讲座,让家长把握家庭教育的规律和学生成长的规律,为家长们排忧解惑、唤醒教育意识。

②体验式培训邀请家长走进学校,"听三天课——学科全覆盖、做三天'师'——过程全体验、谈三天心——家长全参与",家长们自愿选择时间参加,可进班随堂听课,可参与孩子们课间活动,可走进老师们的办公室,体验教师工作。这种全方位的开放,从灌输式家校沟通转变为互动式交流模式,让家长更加理解学校、理解老师,也拓宽了交流的渠道。

③参与式培训通过丰富多彩的德育课程邀请家长参与,花裙子节、社团活动、元旦达人秀、亲子运动会、亲子社会实践、亲子阅读交流会等让家长们改变过于注重成绩的教育观念,引导家长用科学的方法、智慧的教育、榜样的力量关注孩子的全面发展。

④志愿式培训发挥各级家委会部门职能,家长参与爸爸护卫队、妈妈图书馆、诚信超市经理人等学校志愿岗位中,成为学生志愿者强有力的后备力量。让更多的家长在志愿中认同学校理念,放大自己的格局,让更多的泉欣孩子成为有能力帮助别人的人,让教育自然发生。

（3）共生共长的"欣"育力

家校共育，学生方得优育之境；"双师"陪伴，教育才不缺位，学生方获幸福成长！学校的"欣"师活跃在学校、家庭、社区中：家庭书坊指导师、胖胖减肥团教练、自然科学导游员、美食烘焙师……他们充分发挥第一任老师的作用，以心相守、以情付出，让"欣叶"在家校共同守望中茁壮成长。在学校的德育课程中入队课程的实施中，二年级各班组织了线上亲子队知识学习课程，家长充分充当起"欣"师的角色，在视频的另一头和孩子一起敬队礼、系红领巾、唱队歌……热情参与的家长们仿佛坐上了时光机，重回了自己的少先队时代。学校进行了面向所有家庭"欣家 欣风"智慧家长家教故事征集活动，并在此基础上开展"家教好故事"文案评集，开设"智慧家长"讲坛走上家长学校的"欣"家讲坛，评选的过程就是家长们分享、交流、成长的过程。智慧家长的颁奖活动，让更多的家长参与到家校合力的大环境中来。我校五年级家长的家教故事代表市中区参加了省评选荣获"智慧家长"称号，将泉欣的好家风进一步传递。在"欣家"家长学校下一步的项目创建中，学校将会继续依托网络新媒体宣传渠道探索互联网+的育人模式，拓宽育人渠道；依托学校首席班主任"欣心"工作室育人模式，帮助更多有成长困惑的家庭；依托中海国际社区打造社区携手育人模式，扩大育人外延；依托智慧家长引领，开设"1+2+n"的团队驱动育人模式，推动家庭育人内驱力。

家庭教育是家事，也是国事，学校会与全欣家长们共建欣家欣风，做更有力量的教育！

4．"泉源"汇力 奋辑笃行

泉海学校小学部为了搭建家长、学校友谊的桥梁，增进家校联系，协调好学校与家庭教育的关系，以"泉源家委会"为依托、以学校的德育管理为抓手，组织"家长学校"积极开展了一系列家校共育课程。

（1）清澈的眼睛看最美的人生

泉海学校小学部校级"泉源"家委会组织策划家长学校课程——小学生近视防控课程，由家委会副会长郭滨老师具体筹备，特邀山东中医药大学附属眼科医院视光中心孙伟主任举行了以"明亮眼睛 光明未来"为主题的小学生近视防控线上家长会。孙伟主任从我国青少年近视情况、近视是如何逐渐形成的、近视的危害以及家长如何帮助孩子预防近视等几个方面进行了讲解。本次"泉源"家委会组织策划的近视防控线上家长会活动，家长及学校老师表示会更加重视孩子的正确用眼、科学用眼，做好督促指导孩子的视力保护工作，真正落实科学防控近视。

（2）携"父"之手正面管教促交流

在父亲节来临之际，"泉源"家委会策划"父亲节"沙龙活动，邀请"正面管教"资深讲师天天老师到校，与爸爸们共同探讨"父亲与孩子"的美好经历，孔晓敏老师主持了本次活动。当爸爸们站在家庭教育的中心位置，会有怎样不同的感受呢？在天天老师的讲解下，爸爸们明白了不同阶段家长的任务是什么，陪伴孩子应该有怎样的挑战与期待，了解了陪伴小朋友时应该做的事情，如何控制自己的情绪，聊一聊爸爸和孩子之间的相处之道。

（3）做智慧父母 促家校沟通

为进一步推进家庭教育工作，指导家长做好家庭教育，促进家校合作，泉海学校家长学校设置"家校沟通"课程，邀请山东青少年发展研究中心理事长张光年为全校家长开展"如何做新时代的智慧父母"专题家长会。张老师就如何"读懂孩子""做好新时代的智慧父母"做出了解答。每个孩子都因各自的智力发展水平与气质类型不同，有不同的行为表现，作为家长，如何正确读懂孩子的行为，是家庭教育的基础。真正智慧的家长是孩子良好心理行为的塑造者、强大学习动力的激发者、生活学习习惯的培育者以及积极配合教育的践行者。通过本次家长会，家长们能够认识到家校共育的责任，受益匪浅，家校一起为了真正实现合力共赢而努力。陈鹤琴先生说过："孩子的教育是一件很复杂的事，不是家庭一方面可以单独胜任的，也不是学校一方面可以单独胜任的，必须两方面共同合作方能取得充分的效果。"①在孩子教育过程中，"泉"源家委会将依托家长学校完善家校课程建设，与家长们同心、同向、同行，彼此用心交流，一起用"心"沟通，共同为孩子的健康成长保驾护航。

随着社会环境的变化，伴随时代发展的步伐，南上山教育人将不断探索家校合作的新机制、新方法，不断更新家校合作的新理念、新观念，逐步形成

---

①陈鹤琴的早期家庭教育学说介绍【EB/OL】. 新浪微博，2016.4.29.https://weibo.com/p/23041859d698c90102wn0m.

"有方法、有温度、有力量"的家庭教育发展势态，并继续朝着高品质、共发展的集团发展目标迈进。

四、"节"有所得　节节生长——济南市南上山教育集团节日课程样态

中国传统节日积淀了千百年的文化精华，延续着民族的时代脉搏，是我国具有非凡意义和价值的瑰宝文化。南上山教育集团秉承着"培养承接民族传统的现代中国人"的办学理念，以"节日"活动为载体，打开了广阔和深远的育人通道。学校节日活动的有效开展也打开了学生的封闭时空，中华传统文化的精华从四面八方得以张扬。学生全方面、多维度地延展了对中国精神的内核理解，实现了课内课外的融合、校内校外的闭合、线上线下的联合。

南上山集团各校区在润化、交流、合作、启发、探究、互动的多元模式下，在"节日"主题活动的引领中，使德育内容更加立体和丰盈，有效地推动了德育课程一体化建设。

（一）彰显"根植式"引领，民俗传统润心

南上山街小学在"培养民族传统的现代中国人"的办学理念指引下，以民俗传统文化为载体，开展了一系列课程化、体系化、主题化的节日活动。将中国传统节日"根植式"地扎根在教学和德育的"跑道"中。中华传统节日的深厚文化底蕴和民族情怀深深烙印在学生内心中。

1. 温情教师，纵情佳节

学校全体师生结合传统节日，组织开展丰富多彩的文体活动，提升了教职工队伍的向心力和凝聚力，促进学校各项工作的蓬勃开展。

（1）激情庆元旦：每年的元旦联欢是南上山全体教职工最期待的节日。元旦联欢之际，老师们变身能工巧匠，在馨香的插花创意中，感受生活的快乐，在不同品种的花语寄语中表达对同事、家人新的一年的祈盼和祝福。学校全国非遗进校园，中国趣、中国风、民族风主题课程的学习空间的全新打造，无一不使全体师生在传统文化的沁润中成长。

（2）柔情暖三八：学校特别重视为老师们庆祝三八"女神"节。以级部为单位，老师们在歌颂女性，歌舞展美；巧手编织，发型秀美；点睛之笔，配饰扬美；劳动之星，巧思韵美；劳动气质，妆容呈美；唱念劳动，巧手迎美。弘扬时代之美，尽显巾帼风貌，在每个柔情三八节之际，老师们总能在一个又一个美

丽的创意中感受着同事们彼此给予的柔情与温度。

（3）亲情聚中秋：中秋来，团圆月。南上山教育集团总校所有家庭成员欢聚一堂，共抒情谊，诉说祝福，花好月圆。老师们在载歌载舞中望月怀远情切切，其乐融融聚一堂。在南上山总校的引领中，泉海和泉欣小学还举行了"欣海联谊共叙情，双泉互动一家亲"的主题中秋联欢会。南上山集团的中秋齐聚，让老师们感受到集团一家人的和睦、欢欣，家的温暖、集团的温馨久久停留在老师们心中。

（4）真情教师节：每年的教师节是南上山人最用心的节日。学校结合国家发展的时代脉搏，为新中国成立七十周年华诞开展教师节庆祝活动。各年级的老师们不忘七十载强国志坚定不移，一百年芙蓉情矢志不渝。在老师们的情景剧、讲述、歌颂和赞歌中回顾了中国各个年代的大事记，在回顾大事记中感受伟大祖国教育发展的一个又一个崭新阶段，也让我们每一位老师深感教师职业的光荣与责任！

2. 南风学子，情节致远

（1）"中国风"蕴养国家情怀

爱国是亘古不变的情感，流淌在中华儿女的血脉中，这份情愫将永恒萦绕在我们心间。基于我校"民族底色，现代素养"的育人目标，学校深入挖掘传统文化精髓——"六艺"的育人价值，形成凸显我校传统文化的特色课程，打造了一间间代表中国风的特色教室。学生结合中国传统佳节，躬身践行中国情怀。在每学期的新年开学典礼中，为迎接新年，庆祝元宵佳节，学校通过流光溢彩中国灯——引导孩子们制作灯谜卡，赏花灯，猜灯谜；古韵芬芳中国风——将中国伞、中国葫芦、中国扇、中国印、年画、京剧脸谱等学生的研究成果展示；歌舞风采中国红——中国结、窗花、对联、福字等都是中国红的"代言人"，学生代表以独具中国魅力的歌舞将这些红红火火的"中国红"一一呈现。全校师生通过探究、实践、创造等躬身亲行蕴养中国文化，回味喜气洋洋的中国年。以"中国风"为主题的节日课程，激发了同学们对传统文化的学习兴趣，蕴养了学生的中国情怀。

为庆祝六一儿童节，学校以"中国趣""民族情""中华韵"班级主题文化为内容，以舞蹈、戏剧、朗诵为主要表现形式，将"中国鼓、中国扇"等中国趣课程融入节日的庆祝中，学生们感受中华民族独特的文化艺术瑰宝的刚柔并济，从而凸显南上山学子在传承中华经典、弘扬传统文化中所展现出的民族文化自信和独特艺术风姿。

（2）"中国节"涵养民族底色

学校以"培养承接民族传统的现代中国人"的办学理念，根植传统文化，传承民族精神。在节日活动中，通过不同佳节开展了丰富多彩的民风民俗主题活动。

为庆祝新春佳节，低年级同学们积累二十四节气的古诗、儿歌、编排二十四节气运动操，感受二十四节气的民风民俗的文化特点，更感受到了中国传统文化的博大精深。还开展《恭贺新春"筷"乐无穷》劳动项目式学习，同学们结合春节这个承载着悠久传统的重要节日，在实践中了解中国的筷子发展历程，在生活中研究了筷子的使用礼仪，在科技制作中体验筷子搭桥的乐趣，将中国文化进行传承和弘扬。中年级的同学，探究民族服饰的历史文化，展示了自己对民族文化的那份理解与自信。高年级进行了"大红灯笼高高挂"的劳动项目式学习，在灯笼文化的研究中，了解了灯笼悠久的历史，感悟到传统文化的传承，在亲手制作灯笼的体验中，发扬传承非遗文化。

六一儿童节，各个年级通过班级特色，彰显民族风情。五年级二班葫芦文化之《长征组歌》，风萧萧马嘶嘶穿越雪山，天苍苍地茫茫爬过草地，感悟独立自主、勇往直前的长征精神。三年级六班壮族情之《情满壮乡》，少数民族地区支教生活，感受美德活动与师生情谊的碰撞。二年级五班脸谱秀文化之《快乐的歌》，快乐的年纪，快乐的歌，跟随快乐的舞蹈，玩转童年。四年级一班蒙古情之《草原英雄小姐妹》，经典真实故事，领悟勇敢、坚强、热爱集体的高贵品质。传承民族文化，激发爱国情怀，学生们在节日中尽显民族底蕴与现代素养的完美契合！

（3）"少年志"滋养乡土品质：

为庆祝建党100周年，弘扬少先队员们的少年志向，学校结合"元旦"庆祝活动，开展了"童趣创造幸福"节日主题活动。我校民乐社团的同学用手中的民族乐器奏响心中的歌——《我和我的祖国》零距离感受中华音乐文化传统民族乐器的魅力；我校刘云迪同学用川剧变脸这一国家瑰宝带同学们一起感受了变脸的奥妙，领略了中国民族独特的文化艺术；我校国画社团的同学们通过自己手中的画笔尽情展现中国艺术之美，描绘出了笔墨下的精彩童年；我校三年级四班同学在《中国少年》诗歌朗诵中,演绎出作为中国少年的骄傲和自豪；我校苗苗戏剧社团的同学用快板《天安门广场看升旗》展现了我国传统文化的博大精深。南上山的少年学子,紧跟时代脉搏,永远跟党走,相信他们在学校传统文化的引领和熏陶中一定会将传统文化发扬光大,走出国门,走向世界!

（二）凸显"浸润式"发展,艺术节日润情

泉海小学水润德育课程,内容丰富目标明确。学校以"节日活动"为德育课程的载体,在学生全面成长的价值引领中,以"五生"德育课程为依托,突显"浸入式"的发展,将弘扬民族精神和培育国际意识融入德育课程中,在多维艺术节日中润情、育心。

1. 蓬勃绿色的生态教育:结合学校生态教育课程,改善生态环境,建设生态文化,展现生态文明的课程理念。在植树节、采摘节等节日活动中,学校通过环境保护的践行,种植园艺的亲身躬行,倡导学生绿色低碳生活。结合植树节,开展了"亲近绿色、美化校园"活动,通过植树、种植花草,美化了校园、班级环境。泉海采摘节中,组织学生在果树成熟结果的季节采摘核桃、樱桃、山楂,感受大自然的恩惠和丰收的喜悦。充分利用学校开辟种植园,开展种植活动,学生亲手播种、精心照料、分享果实。

2. 魅力黄色的生存教育:为了增强学生的生存意识,学习生存知识,提升生存技能,学校开展了"消防进校园"消防逃生演习活动,增强消防安全意识。定期开展防震演练,活动中师生全员参与,增强了在突发事件中的应变能力、自我防护能力。为了防范雾霾对学生身体的侵害,各班采用观看视频、交流分享等形式,认识雾霾天气的原因、危害,了解了雾霾防控知识。

3. 激情橙色的生活教育:科技点亮未来,艺术魅力无限。结合生活教育课程,学校开展了科技节、艺术节活动,带领学生们在实践活动中增强技能,科技创新。通过对乐高机器人的层层培训到选拔,最后站在济南市赛场取得优异成绩,这一切的体验和成长都点燃了学生的科技梦想,打开了通向科学和未来的窗口。各年级进行科技手工制作,培养学生科技创新能力。艺术节中,圣诞节开展的观影活动,万圣节学生自制的面具、道具,了解了节日的由来和服饰特点,体验国际节日风情。艺术节活动的开展,提高了学生审美和人文素养,以培养动手、审美能力为导向。孩子们利用空间思维、结合舞美创意,搭建出了自己心中美好的艺术未来！

4. 活力蓝色的生命教育：在生命教育课程中，丰富生命内涵，培养生命智慧，提升生命价值是学校一直追求的育人目标。班级艺术节，学生全员参与，用丰富多彩的形式演唱了不同国家、不同风格的歌曲，在艺术的舞台上尽情感受生命的绽放于成长。运动节中，学校召开春、秋季趣味运动会，增强学生体质，培养坚忍顽强的体育精神。开展"晨读宪法"的普法教育活动，让学生走进宪法，懂得知法、依法、守法的重要性。

5. 奔放红色的生长教育：为了引导学生品味生长过程，感受生长快乐，创造生长奇迹。学校以传统节日为契机，开展以"促身心两健，度快乐元旦"为主题的元旦庆祝活动，各班开展生动有趣的团体心理辅导活动，激发学生潜能，增强团体凝聚力、培养团结协作精神。在书法节活动中，围绕"一笔一画写好字，一生一世做真人"为主题，开展了每日五字精练、书法展示暨"书法新秀"评选活动、教师书法作品展示、名家论坛四部分活动构架。培养了学生书法的底蕴，为学生活动增添生气。这些节日的创造与开发，更好地关注学生生命的成长，感受生长的礼赞。

（三）尽显"体验式"守望，德育特色育人

泉欣小学在"教育即生长"办学理念引领下，将生长教育融于学校的德育课程中，构建了学校"德华课程"。其中，学校还以中国节日活动为德育课程的一部分，尽显"体验式"守望。德育特色育人节日文化实现了"体验节日活动与校园文化融合，体验节日活动与校本课程整合，体验节日活动与家庭教育联合，体验节日活动与实践活动契合"的培养目标。在全校师生"体验式"的节日活动开展下，彰显个人自由生长的能力和品格，培养具有独特风华的泉欣学子。

1. 体验节日活动与校园文化融合

泉欣小学重视弘扬和传承祖国优秀传统文化，结合学校"水清木华"的校园文化，探索出以"体验"为主的课程体系。其中"书法育人"是学校文化引领很重要的一部分。结合新春佳节的开学典礼，学校组织开展了"喜迎七十华诞 书写美好童年"为主题的节日活动。通过千名师生"寻找汉字之友，畅谈蕴含之意""欣赏华夏之音，感受汉字之美""聆听师者之呼，明晰传承之责"等系列活动，充分感受到汉字包含的丰富内涵和审美意蕴。从而增

强了全校师生对祖国文字的热爱和珍视,民族自豪感油然而生,文化自信得以落地生根。

2. 体验节日活动与家庭教育联合

学校每一次节日活动的举行,都离不开与家庭教育的联合。在学校春季开学典礼活动中,就通过教师与家长"齐主持""同升旗""共表演"的形式,以"爱"陪伴、以"心"相守、以"情"付出。家校同携手,教育才会一致,学生方得优育之境。"双师"陪伴,教育才不缺位,让小小"欣叶"们在家校共同守望中苗壮成长,在体验式活动中,共筑家校融合。

3. 体验节日活动与校本课程整合

中华文化绵延千载,家国情怀始终是鲜明的底色。泉欣小学借一年一度的中秋佳节之际,携手全校师生积极开展"话月知中秋,爱国情相传"迎中秋系列活动。此次活动,通过"吟风话月,承中华文化""阖家品月,享家国情怀""醉美赞月,抒中国梦想"三大版块内容,同学们结合学校校本社团特色,组织开展了"讲中秋故事""吟中秋诗词""绘中秋剪报"的活动。全体师生观看《中国探月工程》和《"嫦娥"之父》纪录片,了解中国"探月工程"的曲折与精彩,同时又一起走进中国梦之科技兴国梦、体育强国梦、生态文明梦……学生们为中国的发展与强大自豪,立志成为新时代的筑梦人。在中秋佳节中,泉欣娃共同传承中华文化,弘扬中国精神,筑梦家国情怀。

4. 体验节日活动与实践活动契合

在庆祝教师节活动中,"欣娃"们,通过一支支赞美老师的歌曲、一句句祝福老师的话语、一个个与老师深情的拥抱、一份份感恩老师的"奖状"、一颗颗热爱老师真挚的心"五个一"感师恩行动,向老师们送去了节日的祝福,表达了浓浓的爱意。伴随着每个班级孩子们共同"礼物"的呈现,拇指印绘成的五彩的"美丽心",片片多姿的绿叶组成的"爱心树",枚枚圆圆的纽扣打造成的"同心锁",点点滴滴都是节日的快乐与师生的幸福,点点滴滴都是学生亲身实践带给彼此的感念与感恩。满满诚意、满满真意的爱的暖流在泉欣校园涌动。"五个一"感师恩系列活动中,泉欣师生感恩相伴、幸福相随,情深似海的师生情谊成为泉欣师生继续前行的最温暖的力量!

(四)力显"项目式"研究,涵养节日传承

泉海学校小学部在探索国际性、开放化、生态式的学校教育的同时也在

坚守中华优秀文化对学生的传承，不断强化课程意识，不断探究节日活动的教育内涵，努力打造学生需要的、喜欢的、适切的并具有文化内涵的"我们的节日"教育品牌课程。以十大节日为载体，找准节日文化的教育增长点，建立节日文化与劳动教育的联系，努力实现德育课程群落化，激活师生"项目式"学习思维，促进课程目标的落地。

1. 特色性项目式研究

三八国际妇女节——感恩主题教育

以"项目式"研究学习为媒介，学生先通过查阅资料，初步熟悉妇女节的相关历史背景、由来以及妇女在经济、政治和社会等领域作出的重要贡献和取得的巨大成就。利用课堂讨论环节，让学生充分交流，激发感恩妈妈、老师等的情感共鸣。激发学生通过自己的行动，为生活中的女性角色（如妈妈、女老师等）庆祝节日，在特色活动中学会感恩。落实感恩教育，引导学生了解妈妈、老师等女性角色在生活中的无私付出，体会她们的辛劳，激发学生心中的感恩之情。

2. 主题性项目式研究

国庆节——家国情怀主题教育

探究式项目内容以"国庆节的象征、由来、相关大事记和新中国的发展历程"为依托，引导学生初步了解祖国的发展变化。继而分学段为学生设计国庆节家国情怀体验课程，从"画五星红旗、读红色书籍、说国旗含义、讲红色故事"中体验到了先辈们为新中国的建立付出的艰辛，自然而然地认识到"祖国"的神圣和伟大，增强对祖国的热爱之情。

重阳节——敬老主题教育

引导学生以探究"重阳节的习俗、节日价值、《二十四孝》的古诗"的研究性学习为基础，以采访家中老人的内心需求和老一辈故事为渠道，以此激发学生关爱老人、孝敬老人的情感。再通过组织学生开展敬老活动，如陪同长辈登高望远，为长辈减轻疲惫，陪长辈远足赏菊等活动使学生深刻认识到，尊敬老人应在平时一言一行中，用一颗真诚的敬老之心，让老人老有所乐。在节日活动中夯实主体性项目式研究，在可持续发展中培养优秀的泉海学子。

3. 全员性项目式研究

劳动节——全员劳动精神教育

培养全校学生的劳动习惯,改变每一位学生的劳动观念,培育学生的劳动情感是学校树立"全员德育"的课程方案设计理念。学校贴近学生实际,以节日为载体,以劳动为抓手,探索全员劳动项目式节日研究。在探究式了解"劳动节的由来以及我国不同时代的劳模风采"中感受劳动对生活带来的快乐。通过在学校"贡献自己力量"、在家庭清理自己的"小天地"、在社区体验"不同劳动者的一天"三个层面参与不同类型的活动,培养学生积极劳动的热情,养成爱劳动的好习惯,并能珍惜他人的劳动成果。

4. 互动性项目式研究

植树节——环保教育

学生以项目式探究"植树节的起源、历史发展、节日标志的意义和植绿护绿标语和认识植树节对于人类社会发展的重要意义"等相关知识性研究。各年级借助互动活动,落实环保教育。如,一年级:认识花朋友,制作花形卡。二年级:认识树朋友,制作树形卡。三年级:青山绿水我守护,制作护绿卡。四年级:花草树木我热爱,制作标语牌。最后全员组织亲子植树活动。植树节在学校探究式项目学习的引领中,实现了生生互动、亲子互动以及打通了学生与植物互动、与劳动互通、与大自然互爱的多维度互动空间。

第二节　打造尚美崇真的活动样态

一、集团共进　领巾飘扬——记南上山教育集团少先队工作

南上山教育集团少先队工作,始终坚持以习近平新时代中国特色社会主义思想为指导,以贯彻落实习近平总书记关于少先儿童和少先队工作的重要指示精神为根本任务,以切实增强少先队员的光荣感作为少先队工作主线,以在规范中突出特色,在活动中引领成长为工作理念,使集团少先队工作逐

步走向规范化、系统化和专业化。

各校区在总校的引领带动下，在思想引领、阵地建设、仪式教育、品牌活动、课程研发、阶梯成长等方面着力，聚焦少先队工作政治启蒙和价值塑造主责主业，充分发挥少先队组织在立德树人中的独特作用，培养少年儿童朴素的政治情感和共产主义道德，有效推动了集团化办学下少先队工作和活动的常态化实施及特色化发展，打造了政治鲜明、思想先进、团结友爱、活泼向上的新时代集团少先队组织。

（一）聚焦主责主业，全面渗透思想引领

集团各校充分发挥少先队组织在思想政治引领方面的独特魅力和优势，以主责主业为基石，以创新形式为突破，以少年儿童为中心，积极探索思想政治引领的实施途径，通过以党带团带队、主题活动设计、师生共同参与、家校社区互动等方式，教育引导少年儿童树立共产主义远大理想和中国特色社会主义共同理想、拥护热爱中国共产党的领导和社会主义制度，充分发挥少先队思想育人的显著作用。

1. 以主责主业为基石，紧抓思想引领主线

少先队主责主业是聚焦少先队政治启蒙和价值观塑造，基于此南上山教育集团的少先队工作一直坚持把习近平总书记对少年儿童的希望和爱国主义、集体主义、中国特色社会主义、共产主义、党团队组织意识等关键元素充分融入少先队各个载体之中，实现对少年儿童由浅入深、循序渐进的教育引导。

集团各学校，开展"习爷爷教导记心间""学习总书记贺信""铭记历史，牢记使命"等主题活动，引导少先队员对党、对领袖的真挚感情；围绕"我与爸妈比童年""向国旗敬礼""红领巾探秘小康"等活动引导少先队员感受、认识、拥抱新时代；深化"争做新时代好队员""传承红色基因""劳动教育""动感中队五小活动"等活动，引导少先队员践行新时代少年儿童的神圣职责，集团各学校少先队组织充分发挥在培养担当民族复兴大任时代新人中的独特作用。

2. 以创新形式为突破，增强思想引领实效

随着时代的发展，少先队思想政治引领更加趋向生活化、情感化和行动化。因此，南上山教育集团推崇价值认同的引领方式，以引导少先队获得内心的认可、认知的共识，懂得珍惜与感恩，增强"四个自信"，主动将实现中华民族伟大复兴的中国梦作为自己进步成长的价值共识和追求目标。

为庆祝中国共产党成立100周年，教育集团泉欣小学少先队员在党员、共青团员带领下，深入推进党史学习，做到学史明理、学史增信、学史崇德、学史力行。学校构建党、团、队联动机制，梳理百年党史发展历程、以中队为单位、以项目式研究为路径，党员、团员跟进中队与少先队员共研究、共学习、共成长、共进步。通过"研——红色基因重传承""悟——党史长廊展初心""讲——年级宣讲感党恩"等系列活动的开展，了解中国共产党领导中国革命和建设取得的伟大成就，以实际行动表达泉欣教师对党的教育事业的忠诚，泉欣师生热爱党、讴歌党的精神状态。

3. 以少年儿童为中心，活化思想引导路径

少先队的思想政治引领面对的是少先队员，因此，南上山教育集团在少先队引导工作中，结合党和国家提出的一些根本目标，契合少先队改革的方向要求，针对少先队员这个中心，有计划、有目的地加以正确而精准的引导，使少先队员乐于接受，乐于行动。

教育集团泉海学校小学部组织开展了"领巾飘扬 我心向党——寻访红色足迹，祭奠革命英烈主题实践活动"。队员们伫立在革命烈士纪念群雕前，凝望着战士们刚毅的面容，队员们用队礼和默哀，对烈士致以最崇高的敬意；来到革命烈士墓区，队员们给英雄烈士献上最美的鲜花，表达无比的崇敬和悼念；走进济南战役纪念馆，队员们怀着敬仰之情，瞻仰烈士遗物，默默地倾听那一段段写满泪与血的历史。活动紧紧抓住少先队员这一中心，用具体、生动、有温度、适应少先队员年龄特点和认知规律的教育活动，引导广大少先队员永远铭记英雄烈士的牺牲和奉献，传承和弘扬英雄烈士精神，激发爱党爱国情感、振奋民族精神，共同营造崇尚、学习、捍卫英雄烈士的浓厚氛围。

4. 以阵地建设为依托，用心打造规范发展

少先队阵地是少先队的物质依托，是少先队活动的物质载体场所，是少先队组织参与建设、管理并应用的场所。南上山教育集团各校严格规范少先队活动室、少先队长廊、中队角、中队评比栏、鼓号队等教育类阵地建设，主动加强公众号、大中队风采展示区、红领巾广播站、宣传栏等宣传类阵地，大力推进红领巾社团、红领巾校外教育实践基地、各级各类场馆等实践类基地，让少先队阵地成为队员们成长的摇篮和沃土。

在大队阵地建设中，集团总校打造了规范标准的少先队活动室，泉海小学在少先队长廊中展现了少先队的光荣历史；泉欣小学的"红领巾图书角""无人超市"成了少先队自主管理的阵地；泉海学校小学部的大队委员会监督、检查制度，将少先队阵地紧紧站牢、抓实。集团内各学校每个中队都统一样版打造了"六个一"的中队阵地，即一班双牌、一中队风采展示区、一中队旗、一中队角、一队务栏、一中队三薄一册，使中队阵地建设规范化、统一化。

红领巾小记者团的小记者们走上街头开始了他们的日常采访，小志愿者们来到社区开展宣传活动，这就是南上山教育集团组织阵地的真实写照。各校少先队员在丰富多彩的组织生活和活动中，不断增强着自己的组织归属感。

（二）挖掘课程空间，有效创新活动形式

少先队活动课程是以《少先队活动课程指导纲要》为基础，依据重大教育契机为主题，着力在课程空间上下功夫，有效地创新了学校少先队活动的开展。南上山教育集团在少先队活动课程的设计中，充分发挥各集团校少工委的领导地位，依托各校资源，进行资源共享，以"五个遵循"，即"遵循思想引领、遵循时代特色、遵循队员自主、遵循实践体验、遵循情感表达"为抓手，实现集团各校少先队活动课程的有效实施。

1.乘时代之风，创造课程空间

南上山总校在党的十九届五中全会召开之后，深入学习全会精神，并承接了山东省少先队学习党的十九届五中全会精神主题中队会省级示范活动，并带动指导了集团各校开展系列的主题教育活动。在新中国成立七十周年之时，开展了"祖国华诞七十年，我的中国我的家"主题活动。以"传承中国家风"为主题的系列展览吸引了少先队员的眼球，各种老物件、家信、合影都反映了七十年来国家和家庭发展的点滴，引领少先队员走进过去的时光，深刻感受七十年来的风雨兼程，更感悟到自己作为新时代少先队员肩上的重任。

实践体验，是少先队教育的基本途径。泉海小学为了进一步加强少先队员的交通安全教育，让中小学生正确认知危险、科学合理避险，参与了山东省公安厅交通管理局、山东广播电视台新闻广播共同举办的以"一盔一带"为主题的"小手拉大手，畅行平安路"交通安全宣传活动。市中区交警孙警官为队员们带来生动的交通安全知识宣讲；泉海小学舞蹈社团学生表演舞蹈《一盔一带 安全常伴》，学生代表带领现场全体师生与家长代表，共同庄严宣读"一盔一带"倡议书；山东广播电视台的主持人们与泉海小学同学合作出演舞台演播剧《小手拉大手——"一盔一带"进校园》，以影响到每一个孩子，达到孩子带动家庭，家庭影响社会的交通文明新风尚。

2. 聚集团之力，打通课程空间

少先队活动课程有着鲜明的组织特性、组织形式、活动方式和运行机制，担负着党对少年儿童群团组织担负的特殊责任与任务。南上山集团各校从这点出发，遵循知、情、意、行的基本规律，以"四处打通"即"打通集团各校间空间，打通学校学科课程空间，打通课程安排空间，打通校内校外课程空间"为突破口，不断增强少先队活动课程的吸引力和实效性。在一年级入队课程中，集团各校少工委打通各校课程空间，充分调动各校大、中队辅导员，通过集体研讨、分校区备课、资源汇总，共形成了"队的名称""少先队的创立者和领导者""我们的队旗""我们的队礼""习爷爷教导记心间""我心中的2035"等 13 节少先队活动课程，以及配套 PPT、讲稿、图片视频资料等，为集团内一年级学生学习少先队知识、开展队前教育提供了保障。

集团内各校每周固定一节课为少先队活动课，将其写进课程表、全校统一上课。这不但可以全校统一主题、打通课程安排上不统一的空间，进行有组织、有标准、有要求、有评价的少先队活动课程，也通过这样的课程形成了独特的少先队时间、少先队空间、少先队阵地和少先队文化。少先队活动课程不仅是每周一节的少先队活动课时间，它更多的形式是利用校外资源和校外时间，进行活动的准备和有效延伸。集团各校在"祖国发展我成长"主题活动时，各校间互通资料、互通感想。课前组织开展家乡变化的调查，开展"我与爸妈比童年""新旧照片对比"等活动，通过红领巾寻访采访爷爷奶奶、姥姥姥爷身边的巨大变化；课内进行队员间的交流分享，研究探讨；课后又继续组织拓展和延伸，有的队员走进济南地铁了解地铁对于城市的重大意义，有的走进规划馆、展览馆了解济南的前世今生，让少先队员们深刻体会祖国发展带来的日新月异的变化。

3. 树仪式之礼，拓展课程空间

南上山教育集团各校充分利用召开少年队代表大会（以下简称"少代会"）的契机，研究构建少先队民主教育体系，帮助全体队员了解召开少代会的意义、队员的民主权利、代表的条件、队干部的职责等，在此基础上，举行队干部民主选举，开展红领巾提案征集等活动，从而培养了少先队员"参政""议政"的意识和能力，更有效地提升学校少先队组织的凝聚力和号召力。自《少先队改革方案》和《中国少年先锋队组织工作条例》提出召开学校少代会以来，集团各校先后隆重召开了"我是光荣的少先队员""争做新时代好队员——集结在星星火炬下""我与祖国共成长——争做新时代好队员"等少先队员代表大会，使少先队员的身份价值得以重塑，主体意识得以培养，集体观念得以强化，责任之感得力养成，也促进了学校少先队工作的开展和提升。

为了缅怀革命先烈，弘扬爱国主义精神，传承红色基因，树立远大理想，泉欣小学党员、团员、少先队员代表来到济南革命烈士陵园，开展了"波澜壮阔应如是 跨越百年忆英雄——清明节'穿越时空的致敬！'"主题活动。此次活动，由一个一个的仪式组成。辅导员老师介绍王尽美、邓恩铭两位革命烈士的生平；学校党员、团员、少先队员代表向两位革命烈士敬献花束；全体人员，沉痛默哀；党、团员老师讲述两位革命烈士的故事；学校领导致辞，号召党员、团员、少先队员以革命英烈为榜样，担当所肩负的历史责任和使命；党员重温入党誓词、团员重温入团誓词、全体队员在队旗下庄严宣誓。整个仪式庄严、肃穆，让党、团、队员们在仪式的洗礼中，深刻了解革命先烈们为了中国的解放和革命的成功而努力战斗的艰辛历程，认识到我国人民坚强不屈，勤劳勇敢的品质，并立下了发扬革命传统、树立远大理想的坚定信念。

（三）构建阶梯成长，多维培养光荣之感

为深入贯彻落实习近平总书记关于少年儿童的少先队工作的重要指示精神，树立和增强少先队队员光荣感，共青团中央、教育部、全国少工委制订了《关于构建阶梯式成长激励体系 增强少先队员光荣感的指导意见》。南上山教育集团各校根据上级有关文件和精神的要求，构建了人人可行、天天可为、阶梯进步的"红领巾奖章"评价激励体系，以及一年级"分批入队"工作体系，培养了学校少先队员的朴素政治情感，教育引导全校少先队员听党的话、跟党走，努力培养担当民族复兴大任的时代新人，培养德智体美劳全面发展的社会主义建设者和接班人。

1. "红领巾奖章"的光荣之感

南上山街小学作为集团龙头校，率先进行"红领巾奖章"的尝试和实

施,并完成在集团内各校间的推广和实施。在南上山学校党总支的指导下,学校少工委群策群力,并广泛征求中队辅导员、少先队员、家长和各方各界意见,在半年多的时间里不断地修改、调整、试行和完善,历经6稿,最终制订完成并开始正式实施了《济南市南上山街小学"红领奖奖章"实施办法》,先后出台了《济南市南上山街小学"红领巾奖章"体系图解》《济南市南上山街小学"红领巾奖章"之基础章争章方案》《济南市南上山街小学"红领巾奖章"之特色章争章方案》(光彩、炫彩、风采、秒彩、文采、溢彩六个特色章争章方案),以及形成了《济南市南上山街小学"红领巾奖章"基础性过程性评价表格》《济南市南上山街小学"红领巾奖章"特色章过程性评价表格》等共计23个文件和配套附件,进一步完善了学校的"红领巾奖章"文件体系,进一步明确细化了学校少先队活动开展的活动形式、活动途径、活动目标、评价方法等,为学校整体少先队工作提供了有力的抓手和牢固的保障。学校还设计印发了《济南市南上山街小学少工委"红领巾奖章"争章手册》。通过"中国少年先锋队章程""领导人题词""习近平总书记贺信""五旗、五徽知识""社会主义核心价值观""少先队标志标识""中国少年先锋队队歌""我入队了""红岭奖奖章争章园"等板块,对少先队员进行政治启蒙、价值观塑造、组织意识培育提供直观的教育素材,也为"红领巾奖章"的实施提供了实施的便捷途径。

2."分批入队"的三线之力

南上山教育集团各校在"分批入队"工作开展中,严格落实《入队章程》和相关文件精神,找准党建引领线、全员协同线、多元评价线这"三线",推动分批入队工作稳妥有序地开展。党建引领是分批入队工作的核心。集团内各校统一思想、规范行动,同步推进,制订分批入队方案、路线图、进度表、建立健全制度保障体系,积极主动地调度、部署、推进分批入队工作的各阶段和全过程。队前教育充分是《入队规程》中开展入队工作的总要求之一。南上山教育集团各校就协同各校区间中队辅导员、家长、"五老"、校外辅导员、高年级少先队员的资源和力量,开展"六个一"的队前教育,即一次学习、一轮参观、一种传承、一件好事、一回体验、一份申请书。

确定首批入队学生,是分批入队工作的关键部分和敏感部分。为了保证分批入队的公平性、公正性和公开性,南上山集团举集团之力,根据各校区学校实际情况构建了思想统一、各具特色的多元化评价方式，进一步细化评价标准，充分发挥评价的激励作用，帮助学生向树苗一样茁壮成长！

（四）打造品牌活动，稳步提升育人实效

少先队活动是少先队教育的基本途径和方法，是少先队的重要特点，也是"队的生命"。南上山教育集团各校积极落实少先队改革精神，一切活动从尊重少先队员的主体地位和特点需要的实际出发，丰富和创新活动内容形式，挖掘和体现活动在新时代的育人价值，积极探索少先队活动在新时期的新发展。丰富多彩活动的开展，呈现出少先队活动的新样态，成为激活少年儿童成长的新动力。

1. 以小见大，找准"着力点"

着力打造"小手拉大手 三十行动"，集团各校充分发挥学校少先队员带动家庭、辐射社会的重要作用，通过开展"垃圾分类减量"主题系列活动，"抵制燃放烟花爆竹"倡议书发放实践体验，"植绿护水我行动"红领巾假日小队行动，共筑碧水蓝天。通过邀请校外辅导员、走进交通指挥中心，为学校少先队员普及交通安全知识，增强文明交通意识，与市中区交警大队联手，将各自学校周边路口作为学校"雷锋岗"，坚持进行文明志愿岗值勤，共守文明交通。

2. 由远及近，挖掘"价值点"

在少先队活动的开展中，有的学生离少先队员的认知水平很远，为了能够拉近与少先队员的距离，集团充分挖掘活动的价值点。比如，集团内各校区积极开展"英雄中队"的创建。在 2019 年，开展"传承红色基因，争创英雄中队"活动。集团内各校每个中队都以中华民族从古至今"英雄"的名字命名了自己的中队，英雄的光辉形象深入每个队员的心田，广泛开展了寻英雄人物、讲英雄故事、诵英雄经典、创英雄作品、学英雄争章等活动，传承红色基因。2020 年，教育集团学校各中队少先队员们以抗疫英雄、时代先锋、优秀共产党员等人物或集体的名字命名，队名鲜明响亮。队员们学习先锋事迹，传承英雄精神，领悟责任担当，从小学先锋、长大做先锋，努力成长为担当民族复兴大任的时代新人。

3. 情趣相投，抓住"兴奋点"

少先队活动的开展，要以少先队员为主体，与他们的情趣相投，才能更好地抓住他们的兴奋点，让活动更有实效性。集团学校泉海小学为了教育引导少先队员关心他人、乐于奉献，在实践活动中培育全心全意为人民服务的精神，开展了"牵手同行，点亮希望"——红领巾心向党，新时代齐共筑义卖活动。活动中，少先队员们通过观看希望小屋视频以及小屋建设前后对比照片，让少先队员深入了解"希望小屋"，引起队员们的共鸣。各中队队员们集思广益，用心筹划自己小组的义卖物品、设计售卖方案、制作摊位宣传海报、撰写宣传口号，活动现场，更是使出浑身解数，展现了不一样的风采，将一件件原本被闲置的玩具、学习用品、精美图书和自制手工艺品，通过义卖被送到其他有需要的人手中。活动不仅培养了队员们乐于奉献、帮助他人的美好品德，也让他们在活动中增强了团队和合作意识，提升了社会实践能力，了解美好生活的来之不易。

在集团化办学的少先队工作之路上我们只是迈出了微小的一步，还有很多工作等待我们去开拓、创新、完善，但我们相信在星星火炬的引领下，用专业、专心、专注的爱与力量带领少先队员一起感受、一起见证、一起实践、一起成长，一定能开启集团少先队工作更加灿烂美好的明天！

二、文化浸润 诗意流淌——记南上山教育集团传统文化教育工作

南上山街小学秉承着"培养承接民族传统的现代中国人"的办学理念，于 2003 年起开发了"走进民俗文化"校本课程，凸现了传统文化的育人特色，并于 2011 年获得首批全国中小学中华优秀文化艺术传承学校称号。因此，抓住集团化办学的契机，学校努力将传统文化这一特色，融入各集团分校中，为集团的发展注入"定根水"，为分校的启航发展助力。

（一）特色引领，让传统文化在各校区柔性流淌

文化是学校创生的根基所在，因此，在集团化办学之处，随着各个小区的建设，文化成了连接校区感情的纽带，依托南上山街小学的传统文化办学特色，各校区在进行校区文化构建之时，从优秀传统文化中汲取力量，准确定位校区文化源头，"上善若水"的泉海小学，"欣欣向荣"的泉欣小学，"动静相宜"的泉海学校小学部……从学校文化创建到学校课程构建，从各校区的教师专业发展到学校的育人特色，都彰显了传统文化与学校教育的有机融合。南上山的传统文化办学特色在集团各校区之间柔性地流淌，引领着学生

的全面发展，引领着教师的专业发展，引领着集团校的蓬勃发展。

（二）多维推进，让传统文化在浸润中诗意传承

抓住集团化办学的契机，各校区深挖传统文化教育的内容和内涵，将古诗词、古文、成语、童谣、书法等中华优秀传统文化引入课堂之中，抓住清明节、端午节、中秋节、春节等中国传统节日，将传统文化渗透到学生德育活动之中，为各校区的特色发展、文化环境创生、人的协同发展提供了文化支撑，实现了学校的整体优化。

在传统文化办学特色创建之初，学校就汇编了优秀古诗词读本——《古风词韵》，为学生提供了丰富多彩的古诗词诵读内容，每天晨读时间学生沉浸在古诗词的诵读中，既丰富了学生的积累，又提升了学生的文化底蕴。学校每个学期都会定期举办经典诵读评比和诗词达人比赛，让学生的积累有展示的舞台，让优秀古诗词得到有声传承。在诵读积累的过程中，激发了学生对古诗词的热爱，他们走出学校参与市区诗词达人比赛，取得了骄人的成绩。在济南市市中区中小学生诗词达人比赛中，学校学生刘云迪和李晨辰脱颖而出，获得了参加济南市中小学生诗词比赛的机会。在决赛中，两位同学先后经过笔试和面试的激烈比拼，她们用丰富的传统文化知识储备和过硬的心理素质，一路过关斩将，都获得济南市中小学生诗词比赛一等奖。

每一次的比赛，既是展示自我的机会，又是向他人学习的途径。在比赛的过程中两位同学不断拓展自己的诗词积累量，又有机会参与由济南市教育局、济南日报、山东大学等多部门联合举办的中华"二安"诗词大会。其中，李晨辰同学在中华"二安"诗词大会中，一路过关斩将，稳扎稳打，在全市50名中小学生选手中成功夺下晋级决赛的名额，成为全国前30强中的一员并在山东省会大剧院参加了全国总决赛。

最终，李晨辰同学成功冲进全国13强，被聘为"中华二安文化推广大使"。李晨辰同学是南上山街小学以传统文化为办学特色，所孕育下的一颗闪亮的星星，在深化传统文化教育的过程中，学校正在让每一位学生都能够"腹有诗书气自华"，都能够"清水出芙蓉，天然去雕饰。"

移植和改良是种有效的教育教学创生路径。南上山街小学作为集团龙头校，为了将优秀的古诗词文化融入各校区的发展过程中，将《古风词韵》读本作为诵读资源，输出到各集团校，在此基础上，各集团校进行内容的移植和诵读方式的改良,逐渐衍生出泉海小学的《海韵听澜》、泉海小学部的《素养读本》等多本古诗词诵读手册,在诵读的过程中,各校区通过有效的活动作为载体,为学生的诗词积累搭建了广阔的空间。以泉海小学的诗词大会为例,为了弘扬优秀传统文化,践行社会主义核心价值观,提高全体学生的文化底蕴与诗词鉴赏水平,学校每年举行一届"诗词大会"。第一届诗词大会以"恰同学少年,风华正茂"为主题,通过必答和抢答,从二十位选手中评选出前三名,这届大赛,不仅是一场诗歌盛宴,更是充分地显现出泉海学生对诗词的热爱之深。第二届诗词大会以"青青园中葵,朝露待日晞"为主题,由学校前二十四强选手与首届擂主一起过五关、斩六将,为大家送上了精彩绝伦的诗词大会。这一届的诗词大会,充分体现了泉海小学在秉承"中国情怀,国际视野"的办学理念下,"海韵听澜"这一经典诗文拓展课程,带给学生的发展和成长,展现了学校优秀传统文化的教学成果。第三届诗词大会以"古风雅韵,智联互通"为主题,通过网络互联的形式,用 iPad 与主持人进行互动抢答,更加激发了学生的比赛兴趣,展现了泉海校区的学子在"海韵听澜"经典诗词课程滋养下,怡情悦性,奋发向上的生命成长样态。经过这样一轮又一轮的诗词大会比赛,激发了学生诵读经典诗文的热情,每日清晨琅琅读书声从每一间教室流出,成了学生成长路上的最佳伴侣,同时,随着这样的滚动推进,也逐渐让诗词大会成了泉海小学一张靓丽的名片。

除了优秀的古诗词文化,各校区还将"书法"这一中国特有的传统文化内容融入日常的教育教学之中。每学期集团都会开展一次全员书法比赛,比赛分为硬笔书法和软笔书法两大类,采用集团联动的形式,即统一比赛时间、比赛内容、比赛流程、比赛标准。在统一的要求下,各校区结合自身的办学实际确立评比主题,并且开展一系列的书法活动。比如泉海学校小学部,依托学校"心静致远,形动拓新"的教育理念,举行了"以书法养心静,以字韵育气质"系列书法活动。学校聘任书法骨干教师为书法导师,每周对青年教师进行专业的书写指导。虽然学校建校之初,学生人数并不多,但是学校的书法课堂却进行得有声有色,教师从写字的坐姿、执笔姿势、笔画落笔、起笔、手笔等多个方面进行得细致的指导,使得学生书写兴趣浓厚,写字热情高涨。最后,学校通过书法比赛,进一步提高学生的书写水平,感悟汉字的神奇魅力。比赛过程中,每一个学生满怀激情,坐姿端正,认真书写每一个笔画、每一个汉字,在书写方块字的同时，静身、静思、静心。不仅仅是泉海小学部，作为集团龙头校，南上山街小学的传统书法教育更是学校的品牌课程。学校不仅打造了极具文化气息的书法专用室，成立了书法社团，而且邀请了十大书法家走进学校，进行专业指导，以此提高学校的书法教学水平。集团的书法教育，既依托集团各校区的实际，形成了特色，又落实了教育部《中小学书法教育指导纲要》的有关精神，弘扬和传承了祖国优秀传统文化，深入推动了素质教育的开展。

（三）价值回归，让传统文化在传承中熠熠生光

集团传统文化教育的推进，源于三个层面的理解，一是从国家政策层面，2017 年国家颁布《关于实施中华优秀传统文化传承发展工程的意见》，它强调我们中华优秀传统文化积淀代表着中华民族独特的精神标识，应该让优秀传统文化真正实现活起来、传下去。二是从社会需求层面，生活水平提高后，人民群众对更高层次美好生活多样化丰富化的需求，无论是这种文化类节目的推陈出新，还是生活中对传统服饰、家装、物品的追求，既体现外在观赏性的美感，又含有一种内在的精神寄托。三是从文化发展本身层面，很多的传统文化在不断创新，不断地适应时代的发展，包括很多高科技新媒体的介入，让更多人从新的视角上了解了传统文化，提供了更广阔的平台。但是由于一段时间内，我们对传统文化的宣传与教育的重视程度不够，使得外来文化不断涌入，年轻人更倾向于好玩的、流行的、的现代化的东西，不能真正静下心来感受传统文化的内涵和魅力。

面对这样的现实问题，集团在推进传统文化的过程中，通过国家、地方、校本三级课程的有效实施来开展对传统文化的教育：一是倡导国学经典的诵读，每个年级都有必读必背的篇目，在早自习和午训时间，老师会带领学生们诵读。每学期都会举行校级的"成语接龙""经典诵读"这样的活动，激发热情、检验成果。二是民俗文化课程的实施。我们自 2003 年就提出了"培养承接民俗传统的现代中国人"的办学理念，也被评为全国首批优秀传统文化传承学校等荣誉称号，我们的"一根三育六生"滋养课程就开设了三大类 80 多门，其中很多课程都是学习传统文化的内容，比如我们有中国伞、中国扇、中国印这样民俗工艺制作的课程，有剪纸、皮影表演、京剧表演、武术非遗类的课程，还有七巧板、九连环、中国象棋传统游戏类课程等，有的孩子甚至可

以选择两三个喜欢的传统文化课程学习,这些课程的学习积淀了孩子们的传统文化底蕴。

"传统文化"作为校区之间沟通的纽带,为各校区的发展注入了源源不断的活力,在多维推进的过程中,各校区紧紧围绕"传统文化"这条主线,将文化传承与文化创生有机融合,实现了校区的优化发展。

三、多元律动　异彩纷呈 ——记南上山教育集团艺术教育工作

艺术是教育的润滑剂,是学生成长过程中的好伙伴,在南上山教育集团中更是连接校区情感的有效载体,集团化办学之初,校区之间就有频烦的艺术交流。在育人过程中,艺术教育又是实施美育的最主要的途径和内容,艺术教育能够有效地提升学生感受美、展现美、鉴赏美和创造美的能力。因此,集团各校区统筹安排,以艺塑形、以艺化心、以艺育人,形成了具有南上山印记的艺术教育。

（一）在集团艺术课程驱动下,让学生站在艺术教育的"C"位

在南上山街小学的校本课程中,有近一半的课程涉及音乐、美术等内容,这些多彩的校本课程,让学生时刻浸润在艺术之中,时刻享受着艺术的熏陶和滋养。为了能够提升学生的艺术修养,学校还为学生打造了独具特色的艺术空间,如合唱教室、皮影教室、舞蹈教室、戏剧教室等,学生在这里能够快乐地歌唱,自由地舞动。自 2003 年起,学校每两年一届的"民俗文化艺术节"活动,成了展现学生艺术素养、展示学校艺术教育成果的舞台。

随着艺术教育的不断深入,艺术课程建设也越发完善,越发突出集团特色。以音乐学科为例,围绕"涵养音乐素养、培育艺术情怀"的教育目标,建构了四大课程体系,分别为"乐润"基础素养型课程、"乐融"拓展延伸型课程、"乐美"国粹传承型课程和"乐慧"校本特色型课程,凸显音乐学科教学的序列性、丰富性及专业化。2020 年南上山总校成立了首个民乐队,乐队中的学生全部都是零基础,教师利用校本课程时间,对学生进行专业的辅导,在八个月的时间里,乐队教师全情投入,学生刻苦练习,终于在学校"六一"节时,用他们手中的民族乐器奏响心中的歌——《我和我的祖国》。澎湃激昂的音乐,让我们零距离感受中华音乐文化传统民族乐器的魅力,让经典旋律永流传。在总校的带领下,集团各分校也纷纷挖掘学校师生的艺术

才能，让更多爱艺术、会艺术、懂艺术的教师引领学生的艺术人生。比如泉海小学开展的"口风琴"课程，学生们通过系统训练，能够使用口风琴进行站姿演奏，并且在老师的指挥下可以变换队形，加入表演，学生的音乐素养和演奏水平不仅有了很大提高，还提升了学生感受音乐、表现音乐的能力。在不断地培训和练习下，学生们的口风琴演奏水平有了明显提高，并且受邀参加了"六一儿童节"庆祝大会，为全区的师生、家长进行现场演奏，获得好评。

　　除此之外，每年的各类艺术活动，为集团艺术教育提供了最佳的融合提升时段。以"美育课程展"为例，各分校打破校区间的壁垒，齐心协力，完全融合为一体，在校区进行美术作品征集时，有汉服制作、有建筑展示、有废旧材料的再利用，各自发挥所长之后，进行集团统一的展览布置，从展台设计、展品布置、展品介绍等多个方面，呈现集团艺术教育的硕果。还有每年举行的"合唱节活动"，集团的音乐教师利用集体教研的时间，进行充分研讨，确立各年级的必唱和选唱曲目，供各校区各年级进行选择。在确立曲目之后，由班主任牵头，音乐老师进行艺术指导，通过各班级的展示，推荐优秀班级参加更高层级的合唱展示。2018年12月，为了庆祝改革开放40周年，济南市市中区在山东省会大剧院举行了"童心向党 阳光下成长"新年合唱节活动，南上山街小学演绎了一曲悠扬舒缓的《大鱼》，技惊四座，震撼全场，引得满场喝彩。

（二）在共享集团资源中，让学生与传统艺术对话

　　传统文化是南上山街小学的办学特色，这其中传统艺术成了一束最美的花朵。在与传统艺术对接的过程中，集团充分利用社会艺术资源，将各级各类艺术团体引入学校，让学生在校园里享受传统艺术的魅力。集团每月开展京剧进校园活动，使学生能够近距离感受国粹的魅力。同时，每周开展京剧欣赏课程和皮影非遗课程，将课本中欣赏的经典剧目运用到皮影表演中，身临其境与声临其境相结合，让学生们从"知戏""赏戏"到"懂戏""爱戏"，欣赏到京剧的美，体验国粹文化的传承。中央台戏曲频道《快乐戏园》节目连续一周向全国的电视观众展示我校学生的戏曲才艺。

　　有了这样的戏曲团体资源，泉海小学将他们请到校园中来，一曲《梅花新调》开场，拉开演出帷幕，伴着京剧鼓调，同学们被带入到京剧的世界。《流派纷呈》中，生、旦、净、丑京剧四大行当各展其能，演员们挽青丝、双环结、百合鬟边巧装点；舞袖子，甩鞭子，手绢过肩飞指尖，一个个活泼可爱的角色呈现在同学们眼前。压轴大戏《孙悟空大闹天宫》更是达到了节目高潮,角色扮相滑稽可爱,表情极其丰富,一声长笑震撼全场,引得同学们欢声大笑。在观看表演之后,同学们最喜欢的就是现场互动,京剧老师现场收徒,教授京剧动作,同学们深感艺术家的身手不是一日之功,演员们对艺术的热爱和他们可贵的职业精神令人折服。

同样是京剧进校园活动,泉海学校小学部则更加注重挖掘戏曲背后的内容,将京剧的伴奏乐器进行了充分的展示,现场二胡独奏《爱我中华》《赛马》曲调激昂,学生的情绪随着旋律的变化而起伏,女子乐队演奏的《茉莉花》曲调悠长,旋律优美,学生们沉醉其中。

传统戏曲蕴含了我国传统的礼仪规范以及对"善恶是非"的评判价值观,能让人们审视过去、解剖现实、向往未来。从生旦净丑到唱念做打,通过表演、讲解、互动等多种形式,让学生近距离感受到京剧艺术的博大精深,意在传承推广戏曲文化,提高同学们的艺术审美素养和深厚文化底蕴。而传统艺术作为民族精神传承的载体,能够用更简单纯粹的形式,让学生感受民族精神,带着对传统的崇敬,迈着自信的步伐,不断奋进。

(三)在集团统筹安排下,让艺术与时代共呼吸

时代造就艺术,艺术反映时代。在集团化办学的过程中,艺术见证了学校的发展变化,见证了时代的日新月异。2021年,正值中国共产党成立100周年之际,艺术成为了南上山集团的赞美时代、讴歌理想的主渠道,让学生在艺术教育的过程中,不仅仅受到美育的熏陶,更是对中国的历史有了更深入的了解,对中国的未来充满无限憧憬。

以"清澈的爱,只为中国"为主题,各校区开展了丰富多彩的艺术活动。泉海小学的师生们,弘扬爱国主义情感,歌颂伟大祖国,通过"诵读经典,铭记党恩"诗歌朗诵,"童心向党,艺熠生辉"美术作品展示两个篇章,深情讴歌中国共产党、赞美伟大祖国,为中国共产党成立100周年献礼,展现了新时代少年儿童热爱祖国热爱党、立志永远跟党走的坚定决心与良好风貌。泉欣小学以"百年恰似风华茂,童心绘梦党旗飘"为主题,用一首首动听的歌曲,歌声歌颂百年征程;用一幅幅精美的作品,描绘自己的童心梦想。泉海学校小学部以"巧手贴画卷,浓情表党恩"为主题,开展了系列美术活动。学校各年级学生人人参与,在班主任和美术老师的精心指导下,学生用自己的巧手描绘出一幅幅动人的画卷，表达自己知党、爱党、颂党的深厚情怀，展现了学生的审美情趣，充实了学生的艺术素养。南上山街小学则以"百年印记，诗意中国"为题，分年级开展了诗歌咏诵会。各年级学生以红色经典诗歌朗诵的艺术形式，培植理想信念，厚植家国情怀。

四、创新之翼 放飞理想——记南上山教育集团科技教育工作

南上山教育集团一直以来非常重视科技教育工作，以扎实的科技知识教育、丰富的科技活动教育、广泛的协同教育为依托，努力让更多的学生走进科学、爱上科学、探究科学，培养科学思维，提升科学素养。

（一）以课程激发，让教育说话

在"培养承接民族传统的现代中国人"的办学理念下，南上山街小学依据传统、科技两翼发展的理念，不仅有"向内看"课程，而且有"向外走"课程，在科技教育中不断深耕，求索前行。

第一，向内看。"小科学家"科学探索课程：系列科学实验、四驱车拼装、创意车模设计、遥控越野、减速伞挑战、3D打印、儿童编程……一系列的科学探索课程，重视参与性、互动性、体验性，不仅如此，为了让更多的学生享受科技带来的快乐，学校还鼓励学生把更多有趣的科学实验与大家分享学习。学校举办了"小实验·大智慧"科普微视频征集活动。全校同学踊跃参加，科学老师把同学们有趣的实验通过微信公众号逐一展示给大家，许多蕴含科学原理又新奇有趣的小实验让人惊叹不已。同学们惊喜地意识到：简单的物理组合，就会有不一样的发现；物质间的化学反应，就能看到神奇的现象，这些实验课程在孩子的心中埋下了一粒创新的种子。

第二，向外走。"出彩中国娃"之"圆中国梦"课程：开启科技研学之旅，学生利用节假日时间走入山东省科技馆参与场馆游，体验科技实践活动；不仅如此，科技研学还走出省域，奔赴西安进行科技研学，学生、教师、中国纸飞机大师、西北工业大学航模精英一起，在西北工业大学的校园中，聆听科技知识讲座，在互动体验、交流学习、观摩学习中营造出浓厚的爱科学、学科学、用科学的氛围，共同撑起南上山学子的科技嘉年华，感知科学世界的惊喜和神秘。

（二）以社团激发,让创新表达

泉海小学以科技社团作为学校科技教育的重要阵地,创建成立了"小研究生探索科研社",旨在培养"爱科学,勤思考,善运用"的新一代小学生。社团以"生命探索"为主题进行形式多样的探索实践研究,借助与高校及科研院所的力量,积极探索合作教育,引入更专业的研究方案及相应的软硬件配套设施,同时关注学生实验的开放性、实践性,让学生在实验探索中体会科学研究的乐趣,"像科学家一样去做研究"在"小研究生探索科研社"里不仅仅是一句口号,鼓励学生在熟练掌握各种实验工具的使用前提下,积极推动开展更专业、更适合小学生研究探索的课题,学生"静得下心,沉得住气",不仅体会科学的奥妙与神奇,更能深切体会出科学研究的不易和艰辛。

在孩子们最爱的六一儿童节中,小研究生们以自己的研究成果,展现了自己社团的浓厚魅力。一支穿云箭,万水千山来相见!这里没有弓箭,只有没有"火"的水火箭。随着操场上的阵阵惊呼声,数箭齐发,横贯操场,带着对科技的探索,同学们的水火箭直冲云霄。飞行是人类永恒的向往,学校努力为每个孩子的梦想插上双翼,探索宇宙的征程从此启航。

科技社团内,不仅有一群小小科学家,还将真正的大科学家请入学校。山东省青少年科普专家们作为志愿辅导员走进泉海小学,为大家带来生动有趣的科学知识,激发了同学们对科学的兴趣,全面提高了科学素质和科技创新能力。

（三）以节日激发,让智慧生长

泉欣小学以"科技节"为学生带来一系列的科普"饕餮盛宴"。学校将优质机器人教育资源引入校园,带来一场与小小机器人的美丽邂逅。"走向未来——机器人实践课程进校园"科技启蒙教育中,机器人项目以实践课堂的形式分批次走进班内,给同学们创造与机器人亲密接触的机会,感受科技的无穷魅力。科技节活动将科学、数学、工程、技术、信息、艺术等多学科知识有机地结合起来,融汇于一个充满乐趣、挑战和团队合作的实践过程中。

科技节系列活动中,学校还成立了"欣智慧""欣创意""欣生长"三个小研究院,开设研究类、创意编程与智能设计类、发明创造类校本课程,让学生"做中学""玩创新",自主探究。通过动手搭建、动脑思考,引导学生像科学家一样思考、设计和创作,在科学海洋中徜徉,汲取科技能量,体验科技力量,激发科学兴趣,助力科技梦想。

为激发学生爱科学、讲科学、用科学的热情,"欣创意"——科技创新小研究生院为欣娃们引进了优质的校外科技教育资源,并组织、指导小研究员们参加了省级和国家级的发明创新类展评活动,为爱发明、爱科学的同学提供了优质的学习机会和较高水平的展示平台,培养了创新精神和实践能力,促进科学素养的全面提升,鼓励更多科创欣娃涌现。通过组织参与各类赛事活动,以赛促学,提高了同学们学以致用的信心,吸引更多的同学喜欢编程,喜欢项目设计,做智能时代的创造者。

（四）以生活激发,让童心飞扬

泉海学校小学部的学生结构相对简单,目前以中低年级为主,作为一所充满童心和活力的新建校,学校的科技教育注重与学生的真实生活相连接,以真诚的儿童立场培养学生的科技素养。

固体可以传声吗? 为了让学生能够切身体会、学习声音的产生和传播规律,动手制作土电话活动如火如荼地开展起来,同学们意识到:声音的形成是因为空气的震动,使耳膜接收到高高低低的音频,当我们把说话的声音聚集在杯子里,毛线振动,声波就会传到另一个杯子里,从而使我们听到声音。除了种子繁殖以外,还有其他繁殖方式吗? 为了了解无性繁殖过程,培养学生亲自动手解决问题和疑问的能力,让学生养成做"小科学家"的研究习惯,生活中的大蒜、红薯、多肉植物成了最好的实验材料,学生们通过一步步的科学小实验进行认真观察、记录、分析,感受除了种子繁殖外,无性繁殖的奥秘与规律……不仅如此,廊桥承重、浮沉玩偶、计时沙漏、虹吸实验、水火箭等生活中的小实验的体验,将科技教育融入学生的生活与生命。

南上山教育集团各校区的科技教育已初见成效,在省市级科技比赛和市中区中小学生创客节嘉年华中,多位学生在多个项目中表现不俗,展示了南上山集团学子良好的科学素养和执着探索的科学精神。今后,南上山教育集团也将在科技教育中,继续努力,继续前行!

五、南风心曲 润心惠阳——记济南市南上山教育集团心理健康教育工作

一直以来，南上山教育集团以培养"身心两健 气质独特 胸怀家国 放眼世界"的市中学子为己任，对于学生健康成长非常重视，不仅致力于培养学生良好身体素质，更对学生的心理健康尤为关注，集团以"南风心曲 润心惠阳"为主题开展了一系列心理健康教育工作。集团心育工作体现了以下特点：

集团共进，别出心裁。集团内成立"南风心育领导小组"，由集团理事长、集团各校区校长、集团校各分管领导和心理教师组成，由龙头校南上山街小学牵头，开展集团心育工作，并定期开展集团内心育督导，针对各方面心育情况，下校互查、互学，共历、共担。2021年7月，集团以山东省心理健康督导工作为契机，全面对标督导工作指导细则，对心理档案材料、心理咨询室建设等软件和硬件进行全面对标，在达到标准的基础上，凸显各自校区的心育特色。

"硬件"齐备，诚心诚意。集团内各校区均已建立健全心理咨询室和心理信箱，开通了校内心育热线，总校的心海语吧、芙蓉花心理信箱，泉海小学的润源心理咨询室和心理信箱，泉欣小学的晨晨信箱和心理室，泉海学校小学部的心灵小筑、心语信箱，为学生和老师搭建起一座座连心桥。同时，优先保障经费支出，积极与心理辅导专家、济南大学和山东师范大学心理教授进行合作，对师生、家长进行心理培训和心理疏导。同时购置了先进的心理辅导设备，如：心理按摩椅、沙盘、格板、团体心理辅导工具箱等，为心育工作打下良好物质基础。

"软件"专业，一心一意。集团内各校区定期开展全员心理筛查和心理健康教育月系列活动，同时利用团体心理辅导活动、少先队活动课、日常安全教育、学校微信公众号等机会和平台，进行团体心理辅导，科普宣传心理小常识。

"师生同心 家校携手""呵护心灵 拥抱生命""润心慧心 拥抱阳光心态""预防校园欺凌 共建和谐校园""用生命温暖生命"……一个个精彩的心理月活动、团体心理辅导活动，让学生沉浸在温暖的阳光中，发现自我、健

康成长。网络时代，集团还利用微信公众号推送心理主题新闻，从宣传各校区心理信箱、心理咨询热线，到科普假期安排小窍门、时间管理小方法、情绪疏导小妙招、心理读物小书单，为心育工作开辟了一番新天地，展现了集团心育工作的软实力。

家校共育，心心相印。集团内各校区还邀请山东师范大学、济南大学等高校心理专家，利用线上线下多种形式，对学校教师、学生家长进行相关心理培训，"创设良好家庭环境，促进儿童学业成就""儿童心理特点"等系列心理讲座，不仅有像哈洛的恒河猴实验、布朗芬布伦纳的生态系统理论等最前沿的研究理论，还有大量源自生活实际的生动案例分析，帮助大家搭建了儿童心理学的相关知识基础，也努力共聚教育合力，助力学生身心健康、快乐成长。

关键时刻，心随我动。2020年疫情期间，集团内各校区努力细化落实疫情的防控工作，尤其是在心理防护指导方面，从"心出发"，以暖心、细心、精心的系列活动，与学生和家长积极沟通、用心疏导，保障心理健康。

在"居家趣学"课程中开设心理微课，指导居家学习计划制订和时间管理；班主任即各班心理教师，借助新冠肺炎绘本、减轻病痛焦虑的经典绘本等资源，进行线上团体心理辅导活动；邀请心理特聘专家、心理辅导教师、优秀家长代表，分别录制心理微课，从不同角度，面向全体家长朋友开展疫情相关心理危机干预和指导工作，向家长提供情绪疏导和心理支持的方法；针对家长身为医护人员、奋战在抗疫一线的学生，由班主任和任课教师主动关心、提供帮助，同时学校心理老师也通过电话、网络对学生进行一对一心理疏导；选编系列心理放松音乐发送给学生和家长，用音乐缓解压力、释放情绪；以亲子体育游戏为抓手，增强身体素质、增进亲子感情、缓解疫情期间的紧张心理。通过学校、家长和全社会的共同努力，减少学生的焦虑紧张，使心态平和积极，让整个漫长的假期生活有意义、有趣味、有期待。

在以上常态稳定、丰富多彩的心理健康教育工作中，集团内各校区结合校情和学生心理特点，还展现了属于自己的心育特色。

（一）心育专业首位度

南上山街小学的心育工作，以逼近"专业"为目标。首先，心理教师要专业。学校特意选择了毕业于山东师范大学应用心理学专业的硕士研究生担任心理教师,并且积极参与各级心理培训,其现已考取中级积极心理师证书,成为区域内心理教师的骨干力量,能更好地参与学校整体的心育辅导。其次,心理筛查要专业。针对每年的心理筛查,学校选择了华东师范大学推荐、国际认可的 MHT 学生心理健康筛查量表,针对全体班主任进行心理筛查培训、答疑,正确认识心理筛查的重要性,并依据量表进行系统综合地分析,对相关学生建立心理档案,进行跟踪辅导、切实呵护。再次,心理培训要专业。学校邀请的相关心理专家均为高校或科研机构专业心理教授,同时济南大学心理学院还为学校教师专门编写教材,系统梳理儿童心理学、教育心理学相关知识,让老师们不仅"一招鲜",还能对心理知识有一个基本的框架结构,为心育工作开展打下良好理论基础。

(二)心育研究深入度

泉海小学心理健康活动月已落下帷幕。本次活动月,以发展性心理健康教育与积极心理学理念为主导,关切学生成长需求及凸显的问题,宣传普及心理健康知识,引导学生自我探索,提升学生自助互助意识和能力,促进学生健康成长,结合校情,开展了一系列活动。

藏在口罩里的微笑、送你一朵小红花、心理漫画绘制、心理主题海报征集等,让心育理念深入影响每一个泉海学子;泉海小学教师高质量发展心理系列培训活动邀请了心理专家泰祺老师带来一场生动有趣的心理知识盛宴,老师们共同学习对自己的情绪控制,成为更理性、更有爱的好老师;学校还对全校家长开展了心理教育讲座,促进家长形成正确的育儿理念,引导家长们培养孩子与人交往的社会情商能力,促进亲子沟通,提升家校共育水平。

(三)心育结合广泛度

"家—校—社区"之范围广:泉欣小学"以家—校—社区"协同育人的教育模式,通过心理问卷调查、主题家长会、师生进社区活动等丰富多样的形式,尝试打通"家、校、社"心理健康教育的最后一公里,形成广泛关注心理健康的氛围场。

课程的力量之影响广:泉欣小学还结合学生年龄、心理特点,开设了"十岁成长礼""男生女生"等课程,围绕男、女生青春期的生理变化、心理健康与自我保护等方面展开,引导同学们爱惜自己、悦纳青春,正确处理青春期的心理和生理变化,为身心健康发展打下坚实基础。

（四）心育活力精彩度

泉海学校小学部是集团内最年轻的一所分校，建校时间短、学生年纪小、青年教师多的特点，决定了小学部的心理健康工作需要结合校情、依托活动。

办学理念"精彩"：学校"心静致远，形动拓新"的办学理念，就很好地展示了对于学生心理健康的重视程度。学校持续呵护学生心灵，关爱每一个学子，共筑学校生命安全和心理健康的防线。

活动创新"精彩"：团体心理辅导、寻找身边美好、记录生活感悟、心理绘本体验表演、心灵美文 1+1 赏鉴……丰富多彩的活动帮助学生打开了心门，舒缓了压力，更好地认识自我、悦纳自我，保持了心理健康的良好状态。

南风心曲，动人心弦。集团内各校区的心理工作整体上规范、全面，又各具特色，相信在"心心"向荣的南风美景中，南上山的学子将身心两健、快乐成长！

第五章 且听风吟

第一节 南风徐来——校长视角

一、教育新情境，办学新征程

每一次变革都会带来一个新情境。集团化办学，为我们展开了学校教育的新情境，掀开了市中教育改革的壮美画卷，也引领着我们校长心怀梦想，重新出征。作为一名老校长被委以重任担任集团理事长，该如何面对这个新情境，如何带领所有教师的状态进入这个新情境，又如何在这个新情境中演绎教育新风采，谱写教育新篇章？这考验的是校长的专业力量、创业精神和教育情怀。这需要我们在突破一个个难题之中，走向不断更新的新情境。

集团化办学，引领我们追求教育品质，开启由"品牌学校"走向"品质集团"的发展战略。集团品质是集团的文化气质。自集团化办学以来我们始终追求的就是南上山教育集团独特的文化气质。即致力于中华传统文化和全球现代文明的相互叠加乃至有机整合，帮助孩子的学习走向东西方文化素养浑然一体的交融，让学生拥有中国人的价值观，让学生的未来能在不同文化背景中获得幸福生活，能在任何时空情境下找到人生的意义。集团化办学让我们的教育理想进入集团整体设计的新探索里。

为解决"合"而不"融"的问题，各个学校不再是一种自身革命性的变革，体现的也不仅仅是一种支援学校和受援学校"控制与被控制"的关系，更多的是站在一种平等的、合作的、协同创新的立场，建立多元共生的格局。我们成立集团理事会，开启集团运营模式，打破校际的"院墙"，"盘活"校内各类优质资源，实现校区人、财、物统一管理。我们分享更多的智慧，共担责任与义务，让教育合力的能量喷薄而出。教育格局迎来的新变化让我们从单一发展走向了抱团发展的新情境！

面对不同基础，不同生长基因的学校，集团采取的是"内生式"的品牌拓展形态。我们创生着一个个学校"和而不同"的文化特质，呈现着各校区各美其美的文化态势。南上山的传统文化教育，泉海小学的"尚水文化"体系，泉欣小学的"水清木华"文化脉络，泉海学校小学部的"动静相长"文化构建……分校文化既是对总校文化的继承与创新，也是学校文化的个性化展现，演绎出各校区独特的、多姿多彩的文化内涵。我们把集团化发展与学校的多样化发展结合起来，使不同的学校在教育内涵、办学特色、学校文化上呈现个性化。集团化办学引领我们对教育的思考深入到集团学校各校区文化的新重构中！

集团化办学的根本是扩大优质教育资源，走优质均衡之路。对于人才输出，我们不是简单搞教师轮岗和交流，而是派出真正的骨干与学科带头人到分校，一边教学、一边带队伍，传播总校文化，使分校形成较好的教师文化和学校文化。我校90%的干部参与了挂职交流，70%的教师进行了跨校交流。五年来我们举集团之力，拿出千万余元支援分校建设，用各种方式探索和构建更好的学校学习环境，让各个学校展现出教育的生命活力，不断扩大优质教育资源覆盖面，促进义务教育优质均衡发展。集团化办学让发展学校的专注精神升华为虚怀若谷、携手共进的教育情怀！

集团学校作为一个协同体系，找到一个产生共振的频率是关键。我们变"学校人"为"集团人"，我们组建了"合作共同体"，形成集团化办学的"项目协同"；通过打通集体教研，以共建、共享、共评的方式，促进教师发展。从教师发展的系统培养到个性化私人订制；从"师徒结对"到"导师团制"引领；从"培训研磨"到"分层实施"，不断寻找牵动教师、课程、管理、文化的共振点，从而实现各学校、各校区人与人之间的高效率共振。大家你中有我，我中有你。集团化办学让我们师生的发展进入集团社群的新关系中！

　　我们敞开胸怀拥抱城郊的孩子，最优秀的教师助他们成长，最好的资源与他们分享，最丰富的社团供他们选择，最平等的机会为他们提供。南上山教育集团里城乡孩子在同一校园里同呼吸、共命运，共同在校园里获得鲜活、生动、平等、丰富的经历，共同生长出生命中最美的姿态。我们深知教育公平就是让每个孩子在当下的校园里幸福地获得成长的力量。大家真情奉献，用责任体现教育公平与优质，用教育公平照亮国家的未来。集团化办学让我们从追求教育质量走向追求教育公平的新境界！

　　未来，集团化办学将引领我们共享资源的打开方式进入技术工具的新情境。过去对学生的教育供给，是由一所学校单独提供的。而将来我们会通过集团化办学，为学生提供丰富多元、可自由选择的教育资源、教育环境和教育服务模式。集团共享平台的建设，智慧校园的构想，让校园有无处不在的校园网络，无处不在的环境感知，无处不在的交互入口，无处不在的校园服务，无处不在的智慧体验。逐步形成智慧校园平台、数字化课程、数字实验室，使优质教育资源充分共享。这是任何一所学校都给不了的，这体现了一种网格化的学习，最终给学生带来的是更多更好的体验。

　　未来，我们还会从关注集团制度走向关注教育机制的创新情境。集团化办学，让我们思考教育未来。我们必须面对集团化办学必须面对的问题，解决集团化办学必须解决的问题。

　　集团化办学如何扬其所长，避其所短？面对分校生源膨胀，如何处理好规模与质量的问题？面对分校脱离母体，如何清晰集团与学校之间的责权关系？面对优质教育为更多人享有，而如何保证优质教育资源不被稀释？面对必将走向独立的办学格局，如何强化统筹协调，协同发展，走向一种更高效率的均衡？这些都需要我们继续延续以往的改革血脉与改革气魄，以先行者姿态不懈探索，在条分缕析中找寻答案，寻求智慧的钥匙，去逐一破解集团化办学中的困惑与难题，去打开通往集团化办学更广阔天地的大门。（王红林）

二、谈集团化办学背景下新校的成长有根

　　济南市市中区泉海小学，是南上山教育集团的第一所新建校区，于2013年9月乘风破浪、扬帆起航，是伴随着市中区集团化办学成长起来的一所新校。它的发展成长得益于集团为这所新建学校构建的文化体系，保障了新建

校区高起点、高定位、高层次发展,也使我深刻体会到:集团文化是新建学校文化构建之根,教师发展之基,师生幸福之源,只有汲取根的滋养,才能使新建学校形成自身文化特色,凝聚教师个体和教师团队共同的价值观、共同的信念,成就学生的幸福。

(一)构建文化体系,新学校发展有魂

集团的发展必然带来教育的融合,也必然带来各校区文化的碰撞与发展。新建学校文化的生命力必须坚持主流文化和多元文化的辩证统一,才能实现新建学校文化的融合与发展。

集团化办学"集"优质名校学校文化精神,让新建学校在建校之初烙上龙头学校的文化印记,虽为新建学校,但是有精神有灵魂,有生长的根基。泉海小学在总校南上山街小学"培养承接民族传统的现代中国人"核心价值理念的引领下,注重文化移植、质量奠基、特色创生,移植并升华泉海小学的办学理念为"中国情怀国际视野"。这所以"水"命名的学校注定与水结缘。"泉"是源头,它既是生命的源泉,又是人类创造文化的源泉,也是中华民族精神生活的源泉。海要远流,喻指国际视野和未来前景。经过集团的不断论证,集团全力打造泉海小学"尚水文化",形成覆盖全局的文化体系:即精神文化以水为魄,管理文化以水为鉴,教师文化以水为道,校本课程依水而生,活动课程随水而动,校园文化伴水而在。并遵循水的自然规律,彰显水的精神内涵,规范师生行为,实现自律式发展,促进人水和谐。

集团认为,泉海校区学校课程要以培养"国际理解、民族包容"精神为主题,着力于构建"亲泉致海课程",以研究性学习和实践体验为主要形式,通过整合东西方文化,来贯穿"生态、生活、生命、生长"的递进式系列教育。以水的力量、水的道义、水的精神、水的气概给学生以生命之源、思想之力、创造之能。在龙头学校核心教育理念影响下,泉海小学形成自己的个性文化。

(二)合力打造师资,新学校发展有力

集团的交流必然带来教师的融合,也必然打破教师团队原本的封闭视界。他们成为身兼数职、携手并肩的创业者和自带动能、绽放生长的追梦人。在集团办学的舞台上他们将教育理念变成有温度的爱和教育。

集团师资共享,教师创业奉献,集团化办学成为教师成就梦想的舞台。集团输出不惜血本,六年来,交流人数不断攀升,近70%的教师参与了集团交

流。南上山人真情奉献,实现了市中人民在家门口上好学校的梦想,尽显南上山教师博大的教育情怀,从而也带动了新建学校教师的发展与壮大。

干部"通血":集团通过干部团队创建文化,做到一脉相承,集团理事长统筹安排,副校长担任各分校执行校长,选派青年干部任职锻炼,通融校际的管理模式,实现"通血"。五年磨一剑:作为新校创业发展的开拓引领者,以包容开放的情怀和干事创业的激情为新校发展奠基。四年砥成长:作为学校文化创生的贡献者,四年转战三个校区,以严谨踏实的作风和精益求精的姿态为新校崛起贡献力量。骨干"输血":选派一批青年后备干部,输出经验,实现"输血",他们以求索不辍和孜孜不倦的精神完成了从教师到管理者的蝶变。教师"献血":一批批交流教师带着龙头学校文化的烙印,默默奉献,实现"献血",教师由学校人转变为集团人。

伴随着集团化办学的不断深入,我们新建校也逐步把教师培养的方式从依托总校"输血",转变为注重本校区自身"造血"。我们认为培训的最高境界应该是培训者与被培训者共同进步,和谐共生,实现教师成长与学校发展共赢。因此,我们确立"系统培养,分段实施,名师引领,逐级提升"的指导思想,实现教师专业化梯队建设,并朝着"一年入门、两年站稳、三年成才"的年轻教师可持续发展目标全力进军。通过深入"需求调研",把好"教师成长"脉搏,全面"战略部署",用好"导师团制"引领,做好"培训研磨"练兵,成就了一批批芳华淳美的最美教师及团队,实现新教师成长与学校发展的新跨越。

(三)彰显育人情怀,新学校发展有彩

集团的发展必然带来学生的融合,也必然带来教育的优质均衡发展。使每个学生获得成就感、自尊感和自我认同感,个性在深度上获得充分发展、广度上获得多元发展、整体上获得和谐发展。

集团以包容万象、开拓创新的气度,让每个校区的学生同享优质教育,体现着集团化办学公平与优质的内涵精神,除了在教育机会上努力实现优质教育资源的辐射,集团也对学生的生命教育有着无限的关爱,尤其是城郊学校的孩子们。

2013 年 4 月 16 日,九曲小学加入南上山教育集团,九曲的孩子在家门口就享受到了市中优质的教育资源,这如一股沁人心脾的甘泉,滋润了九曲村民和学生的心。2013 年 12 月,九曲小学因搬迁缘故,进入泉海小学过渡,一个校区城、郊两所学校学生共用。面对这样特殊的办学形式,泉海的家长、学生也有不少的意见和顾虑,但是我们却觉得这是培养包容开放的集团精神的良好契机,也为集团的深度融合奠定了基础。学校积极做好师生及家长的思想工作,更是倡导泉海小学用海洋博大的胸怀包容接纳和迎接九曲小学的师生和家长们。

2014年集团将九曲小学的一二年级编入泉海小学实行统一管理,达成"专课专职"目标。为了让九曲的学生真正享受艺术教育,在泉海过渡期间,九曲校区的合唱团在集团及总校辅导老师的指导训练下,在区合唱比赛中脱颖而出,并作为唯一一所乡镇学校代表市中区参加了济南市的合唱比赛。这一切对于孩子们来说,充满了太多的第一次,第一次在区级比赛中获得佳绩,第一次冲击市里的比赛,第一次感受到集团化办学给他们带来的飞跃。

2015年集团在校区间推出了"联盟班"的新型融合方式。九曲、泉海、总校的孩子们结为联盟,联盟班的孩子们将载满新愿望、新期待、新梦想的心愿卡和水滴卡聚在一起,连成爱心,汇成了欢乐的海洋!在优质资源共享的前提下,南上山大家庭三个校区的孩子在同一片沃土上携手同进、快乐成长。

2016年至2017年在教育局的大力支持和协调下,九曲小学逐步融入泉海小学,统一的校服、优质的师资、丰富的活动、畅通的交流,学生享受同样的优质教育资源,南上山教育集团实现了真正意义上的学生素养共育、教学过程共管、教研成果共享、教育责任共担的运行新机制。

2018年九曲小学的学籍划拨进入泉海小学,每个孩子有了同一个校名:济南市市中区泉海小学。

集团化办学彰显出博大的育人情怀,这份情怀温暖着新建学校师生,我们将以这份情怀为根基,不断传承……在深化集团化办学内涵,探索集团发展内驱力进程中,不断探索新建校内在活力,为集团发展添上一份自信,一种豪迈,一片锦绣。(于泉)

三、文化引领,发展有方

2013年,对于市中教育人来说,注定是不平凡的,因为集团化办学跃入我们的视野,走进我们的世界,改变我们的教育……2016年,对于我来说,注定是无法忘却的,因为集团化办学的迅猛发展和优质资源的全面覆盖,我被委以重任,成为南上山教育集团泉欣小学的执行校长。在那枫林尽染的9月,我带着集团董事长的信任与嘱托,走入了泉欣这所新建学校。也就是从那一刻起,我对集团化办学的认识有了质的改变……

众所周知,集团化办学是依托优质学校为发展核心,从而推动集团校内部的全面发展。南上山街小学作为百年老校、市中热点学校,它的引领作用不言而喻。在集团"共荣共好,各美其美"的理念下,各校区在发展方向、思想认识、核心理念、价值诉求上达成高度一致,从而实现集团校内部的深度融合,继而提高了集团学校间的凝聚力,为学校管理、协作、发展、提升提供了基础性保障。

回顾集团化办学的历程,这六年的时光足以让一个懵懂的孩童成长为青春期的少年,足以让一个出生的婴儿成长为少儿期的孩童。集团化办学的六年,市中教育人在集团化办学的路上也从稚嫩走向成熟,从成熟走向了品质。也正是这一教育改革的重大举措,使得各集团校区一齐踏上了同一列"高铁",开始了新的征程,并牵手驶入教育教学改革的"快车道",集团各校资源建设迈向了一个新的快速"发展区",从而全面奏响了集团发展的美妙"乐章"。

（一）头雁效应,美在文化

集团化办学中的核心学校之所以拥有自己的品牌,源于其有严格、系统的管理机制,学校各项工作在管理机制的调控下有效运行。推进集团化办学后,优质学校的管理机制实现了有效的拓展输出,使其他学校得以共享核心学校的管理经验,借鉴、吸纳、融合优质学校高效的管理,并结合本校实际,提高了校本运行机制的科学性与有效性。从而过往各自为战、不相往来的局面已经不复存在。泉欣就是在这样的机制下受益的学校。

一所学校的发展靠什么?学校围绕陶渊明《归去来兮辞》中"木欣欣以向荣,泉涓涓而始流"的诗句,确定了"教育即生长"的办学理念,梳理出"水清木华"文化的体系。有了文化的引领,建校不到两年的泉欣小学,展翅飞翔,实现了高起点建设、高站位谋划,并成为家门口家长学生喜欢的学校。

（二）师资共享,美在成长

教育的均衡根本上是师资的均衡,实施集团化办学为区域内师资合理流动创造了足够的条件与可能。因此,每学年集团校在尊重教师意愿、考虑学校实际、满足工作需要的基础上,统筹调配教师资源,切实均衡了师资力量,进而推动了学校间的均衡发展。并在流动过程中激发了教师专业发展的潜力，激活了教师专业进取的欲望，实现了教师自身的专业发展与提升。

拥有4个年级，22个教学班，929名学生的泉欣小学，有9位员工来自南上山街小学，主任2人，助理1人，骨干教师6人。他们承担着学校管理、教育、教学、课程、后勤等各部门的工作。他们在创业的历程中传承总校的作风，在学校的发展中，实现着自己的价值追求。

教导处负责人高招娣，她是大家心目中的北极星。创业初期，面对"百废待兴"的学校，她投入了满腔的热情。不知加了多少班，不知度过了多少不眠之夜，她以最短的时间，让学校步入正常的运营轨道。执行校长期间，每当我走入泉欣，总被智慧的教育、规范的课堂、丰富的活动等所感动。随着时间的推移，我更为她的快速成长感到欣慰与自豪。还有"玉树临风"的大管家后勤主任王鑫、"与时俱进"的德育主任光泽、"聪明睿达"的课程开发主任助理王涛、"秀外慧中"的数学负责人何琳老师……他们在各自的岗位上，使管理水平有了长足的进步，专业素养有了进一步提升。可以说，集团化办学盘活了人力资源，从而打造一支理念前瞻、结构合理、知识广博、技能精湛的干部教师队伍，为他们的成长提供了广阔的舞台，从而提升了大家的职业幸福感，自身的价值得以体现。

是啊，集团化办学之美无处不在。理念共融，美在聚力；管理共鉴，美在共生；学科共研，美在课程；活动共做，美在育人……这种美，积聚了人气，盘活了资源，扩大了影响；这种美，是办学的活力，是主动的发展，是教育的创新，是优势互补，互促共生。相信，未来4.0、5.0的集团化办学机制，定会实现让所有的孩子享受公平而有质量的教育目标。

一个新的时代正在到来，这对于我们每个教育工作者来说，是一个契机。今天的我们应该认识到，学校教育已经穿越了边界，穿越围墙进入了一个更广阔的世界。对于集团化办学，让我们一起努力探索学校转型的其他样态和可能，因为这是一件值得一群人做一辈子的大事。（严婷）

四、甘做集团发展的铺路石

集团化办学五年来，我们先后有三所分校相继开学。在时间特别紧、任务尤其重的情况下，后勤保障部顶住了来自各方的压力，克服了意想不到的重重困难,最终三所分校都如期开学,后期建设也如火如荼、日渐完美,使大家悬着的心也终于放下。这一切的背后,是集团后勤人无私奉献、甘做铺路石的信念在支撑。

（一）未雨绸缪,科学规划,从无到有

集团化办学的意义在于促进义务教育的均衡发展,让百姓在家门口就能够享受到优质教育。可见,每所学校的如期开学、学生的顺利入学就显得尤为重要。学校一切工作是为了孩子,总务后勤一切工作是为教育教学当好先行者,南上山教育集团后勤保障部的每一名成员,始终树立为教学第一线服务好的意识。所以,在每所学校开学前的半年时间,我们与开发商就进入了提前沟通的阶段,督促学校建设的进度、了解校舍的功能分区及基本设施配备的安装等。针对了解的情况我们提前规划、提前设计、提前走相关的程序,以保证学校投入使用时的基本设施和教育教学设备满足并到位。开发商对几所分校的交付,离正式开学仅剩五天时间,可想而知我们的时间有多紧、压力有多大。在这种情形下,我们迎难而上、提高效率,短短四天不到,光秃秃的校园从一无所有变为设备齐全,倾注了所有后勤人员的汗水。泉海小学的黄俊鹏主任,可以说是用自己的身体力行见证了集团校五年的发展。建校期间,正值孩子出生,又遇老人重病,在家庭负担超重的情况下,没有请过一天假,每天都是"眼睛一睁,忙到熄灯"的超负荷状态。泉欣小学的王鑫主任,假期中一直带病工作,最终没能抵过病毒的入侵,住院治疗了。住院期间还一直在遥控指挥着各个部门间工作的开展。就在出院的当天,就赶赴工地,又投入到工作中。总务人,都为整个集团校的建设,做出了自己的最大贡献。

（二）攻坚克难,全力协调,从有到优

五年来,在集团校的建设中,我们遇到了重重困难,但是当我们感受到抱怨和焦虑的同时,更会感受到来自领导与并肩作战的同事们带给我们的那份支持与自信。为各校文化建设而绞尽脑汁构建体系的主任们,为创设优质育人环境忘记时间、忙到天黑的老师们,正是这群拥有集团精神的南上山人给了我们战胜困难的力量和勇气。

于是,作为教师的我们,与开发商进行各种工作协调。设备种类的不齐全、数量的不充足、质量的不过关我们都要进行交涉,期间还要反复论证方案,直到校方满意为止,几个回合下来,不知要说多少话,红几次脸,但是为保证每所学校最基本的设施设备到位,这些工作虽不是我们的强项,但是依然坚定地硬着头皮去开展。在一次次的讨价还价中,我们不知不觉又练就了一种本领,始终坚信有付出定会有收获。

于是,作为教师的我们,与设备供应商去协调安装时间。如空调的安装,开学前两三天,有的校区传达还未到位,校园安全不敢保证。在这种情况下,提前安装害怕丢失,拖后安装,时间不好把控,担心孩子们用不上。在这种矛盾中,计划能否顺利实施,就需要与供应商去协调,经过反复沟通、不断落实,最终按照我们所通知的时间准时统一进行。

于是,作为教师的我们,与提出异议的家长耐心做出各种解释。"我们的孩子能不能按时入学""学校的课桌能不能到位""教师的配备是不是最优"等质疑声接踵而来。有质疑说明沟通是不畅的,作为打头阵的总务人,要去一一解释,有了对话的平台,就有了相互了解的机会。我们既要站在家长的角度表示理解,又要站在校方角度进行一次次耐心详实的讲解,随着不断地沟通交流,家长对集团校的建设也有了深入的了解,家长的疑虑也随之解开。集团化办学五年来,各集团校经常接待来访,得到各级领导、家长和社会的认可。

(三)追求完美,不断突破,从优到特

在集团化办学的进程中,每年的暑假对我们从放假的角度来讲,毫无意义。但是从我们工作的性质来说,意义非凡!我们愿用默默的付出,换取师生优质的教育教学环境,换取社会的认可和肯定,换取集团化办学的不断成熟。在集团理事长的带领下,我们不畏酷暑,精心打造校园文化。苏霍姆林斯基曾说:"无论是种植花草树木,还是悬挂图片标语,或是利用墙报,我们都将从审美的高度深入规划,以便挖掘其潜移默化的育人功能,并最终连学校的墙壁也在说话"。[1]我们从功能性、趣味性、人文性等来进行设计,打造出一个个深受学生喜欢的空间,充满着南上山教育集团的鲜明特色,让孩子们乐在其中,享在其中,尽情感受文化的浸润。

是什么力量在影响着我们不断前行?我想是集团化办学以来,集团校间

---

①刘琼.响应双减政策,创意班级文化【EB/OL】.搜狐,http://www.sohu.com/a/5284 09652_121152184.

的不断交流碰撞,渐渐形成的心心相印,是集团的力量所在、魅力所使。为了集团更好的发展,我们总务人将一如既往地做好集团发展的铺路石!

第二节 南风浸润——干部视角

一、五年忠坚守——用心干工作,踏实向前行

> 对待教学工作怀揣耐心,孜孜不倦,静待花开;
> 对待后勤工作怀揣倾心,事无巨细,亲力亲为;
> 对待基建工作怀揣细心,各种头绪,细细理清;
> 对待特色课程怀揣虚心,诚心求教,摸索前行。
>
> ——题记

(一)暖心启程——沐浴关怀满怀希望

时光荏苒,转眼间已来到泉海小学五年了。自 2013 年,作为第一届总校派驻济南市市中区泉海小学的交流教师,从此便与泉海小学结下了深深的情谊。泉海小学是一所新建的现代化、高标准的社区学校。并且,在总校丰厚文化的滋养下,全校师生秉承"中国情怀国际视野"的办学理念,用"泉"的灵动纯洁滋养学生,用"海"的博大胸怀感染学生。

两个教学班,五位"常驻"教师,组成了最初的泉海小学师生团队。我作为其中唯一一位男老师,主要任务就是体育教学和其他团队成员正常工作的后勤保障,全校教室的钥匙都在我手里,整整装了一抽屉,所以被大家戏称为泉海"大管家"。

(二)热心服务——事无巨细亲力亲为

五年来,我全身心地投入到学校工作中,边教课边负责后勤保障,与教学工作的轰轰烈烈、众人瞩目相比,后勤保障工作则显得默默无闻、无人问津。

新校刚启用时，南边还是一片工地，工作环境很差，晴天一身土，雨天一脚泥。为保证新校顺利开学，在校长的带领下，积极投入到开学前的筹备工作中。教室内的班班通，学生喝水的热水炉，教师办公室内的办公设备，校园内网线的铺设和广播系统的施工等，只要与后勤工作沾边，我都事无巨细，亲力亲为。

8月底的最后冲刺阶段，在人手少、任务重的情况下，为保质保量完成任务，亲自上阵与保洁员一起干。下水管道堵塞，没有疏通工具，就冒雨去中海物业临时借用，回来顾不上换下已经湿透的鞋，就又和保洁员一起干起活来。保洁人员被我的行为所感动，积极性大涨。在他们中间，再也听不到以前的种种抱怨，而是多了一份主动和担当。门窗洁净、洗涮间干净、空气清爽，我们的付出和努力为学生和教师们创造了一个舒畅的工作环境。

就这样，扎根学校、恪尽职守、热心服务、亲力亲为，实现了自我突破，服务能力不断增强，为泉海小学的建设付出了大量心血，做出了突出贡献。

（三）倾心奉献——一砖一瓦情系心间

与此同时，作为学校基建工作的协调者和监督人，我深知：后勤和基建工作作为学校正常运转的重要保障，责任重大，稍有闪失就会牵涉全局。而且这项工作中的各项事务繁杂琐碎、头绪众多，一定要能忍得住寂寞、吃得下清苦、挨得下劳累。作为一个后勤、基建工作的新人，为了不辜负领导老师们的信任，我常常加班加点，对每一项工作、每一个细节都亲自安排，尽力把所有工作抓实抓好，做得细之又细，确保不出一点差错。

就在2013年秋天刚刚入驻新校三个月的时候，我就接到了一项对我而言艰巨而重大的任务——校舍加层。为了能保证加层工程的顺利实施，寒假期间就要进行前期的地基加固工程。刚接到这项任务，我就全身心地投入到工程的前期筹备工作中。要知道，这对于一个新人来说是多大的考验，我丝毫不敢怠慢。从寒假到暑假，从进驻工地那天开始，基本没有一个休息日和节假日，几乎没有休息过。工期紧时，夜间也要施工。于是，每天都要在现场巡视、协调施工，最多时进场施工的队伍达到了7支。为了保证工程进度和质量，我经常是天一亮就来到工地，街灯亮了还未离开，学校里的各个角落都留下了忙碌和疲惫的身影。在总校的支持和自己的不懈努力下，基建工作有条不紊地顺利完成。

但众所周知，有舍才有得，对于工作上的投入让我无暇顾及家庭，最先反抗的便是那刚满三岁的儿子。以前只担任教学工作时，工作单纯，闲暇时间比较多，公园、操场、健身广场都留下了我同儿子一起玩耍的印记，因为对于男孩子来说，有老爸的陪伴才算有个完整的童年。那时候儿子最喜欢跟爸爸到处去"窜"到处去"疯"，他八个月时会说的第一个词就是"爸爸"，因为爸爸能"举高高"。但那一年的寒假和暑假让我离孩子心中那个天天笑嘻嘻、能"举高高"的"爸爸"越来越远了，工程上的工作有时会让我焦头烂额，晚上回到家，盼了一天的儿子拿着他捏的小蜗牛、画的小太阳兴奋地跟我说话时，而我却只是应付地回答一句："嗯，挺好。爸爸累了，跟妈妈玩一会儿去吧。"看到三岁儿子眼神中流露出的失落，心里酸酸的。由于需要落实各项工作，电话比原来多了许多。在家，孩子的嬉闹声成了噪音，有时会不由分说地冲儿子嚷嚷，埋怨妻子不会管教孩子。以至于后来发展到儿子在我面前叛逆，总是跟我对着干时才意识到问题的严重性。

不过，功夫不负有心人。短短两个月的时间完成了1500多平方米的校舍扩建，专用教室从一开始的没有到6个再到现在的13个，从未耽误过新学期的正常使用。校舍加层的工程顺利完工，让我心里稍稍有了些许安慰。

对待工作我认真负责、耐心细心，很多临时性的紧急任务，从不二话，立马执行。但作为父亲、作为丈夫，心中的滋味只能自知——怎一个"愧"字能当。我也会心怀歉意地说："家人给了我一个温暖的港湾，我却有可能给不了儿子一个完整的童年。"

（四）诚心发展——微笑面对勇往直前

学校发展的五年中，我用心去做好每件工作，极力为泉海小学的现代化建设做好后勤保障工作，得到了领导和家长们的肯定。由此，也收获了无数学生爽朗的笑声和开心的笑容，收获了家长们对南上山教育的赞许。正是有了这些，我才真实地感受到累并快乐着！（黄俊鹏）

二、四年磨一剑——以梦为马，不负韶华

乘着市中区集团化办学的东风，南上山教育集团作为集团化办学的先行者，已经经历了五年的发展历程，在这五年中，身为一名集团化办学的参与者，我经历了太多，往事历历在目，回忆触手可及。

记得 2013 年，在教育集团成立的第一年，怎么也没有想到自己将作为总校输出的首批创业者，到集团的第一所新建校交流。作为一个极为念旧的人，一个从分配就在南上山街小学工作了 14 个年头的我，心里可谓五味杂陈，有对总校的不舍，对未知的揣测，对未来的彷徨，那份纠结无以言表。但当集团理事长王红林校长与我深入交谈之后，听着市中教育规划的发展蓝图和她心中南上山教育集团的发展愿景，我倍感振奋，明白了新校区承载着太多人的期望，集团的发展需要每一个人的力量，我能够成为亲历者是一份荣耀，更是一份责任。

2013 年 9 月，在教育局"高起点、高定位、高标准、高质量"的集团化办学要求下，我肩负着集团领导的信任，成为泉海小学首批创业者。这所学校是中海国际社区的第一所小学，是社会关注的焦点，而首个分校的发展代表着整个南上山教育集团的教育水平，这种前所未有的使命感一直激励着我勤勉于工作，不敢有一点怠慢。

创业第一年，学校正处于起步阶段，面临的困难远远超出想象，中海国际社区还在建设当中，没有路灯、公交车、便利店，交通和生活极为不便，我们首批交流的五位老师跟两个班的孩子就在学校里同吃同住，相依为伴。我身兼数职，不仅承担语文教学及班主任工作，在一线身体力行，还要全面落实校长的办学思想和工作思路，推动学校稳步发展。建校第一年，我与同事们精心策划泉海每一次活动，用心设计每一处校园文化，耐心地培育每一名学生，真诚地对待每一位家长。

随着时光流转，作为第一批创业者，我亲眼见证了从校园里偶尔散落的身影到随处可见的欢声笑语，从学校仅有的基础建设到树木葱茏、一步一景，从寥寥数人的教师团队到教育教学骨干辈出，这其中的变化日新月异，学校的发展蒸蒸日上。我渐渐意识到自己全新的教育生涯竟然如此意义深远，在经历着别样的风景的同时，亦收获了满满的赞誉。家长们从开始的疑虑到肯定，从观望到盛赞。开放日之后，有家长在网上留言："国际化的泉海小学的硬件设施堪比私立学校！泉海的老师不愧是南上山教育集团滋养下的中坚力量！南上山教育集团值得信赖！"就这样，家长们口口相传，让学校声誉倍增。仅四年，这所学校便发展壮大为具有 31 个班级，1400 余名学生，近 80 位教师的学校。我们首届创业者以干事创业的精神激发着这所新校的生机与活力,以包容开放的情怀积淀着这所学校灵动创新的文化。

"宝剑锋从磨砺出,梅花香自苦寒来。"五年的交流,五年的奔波,五年的积淀,五年的成长,正是有了集团交流这样一个平台的实践历练让我的管理能力、组织能力、协调能力得到极大提升,我也因为勇于担当和独当一面被任命为泉海小学教导处负责人。如今,在南上山教育集团核心文化的感召下,越来越多的骨干教师被源源不断地输送到新建校区,先进管理的嫁接、教育资源的共享、骨干教师的流动,促使集团各个分校蓬勃发展,各美其美,从星星之火到燎原之势,成了市中教育集团化发展的缩影。

四年后结束交流再回总校,时常回想起在泉海小学每一个闪亮的日子,让我对集团交流有了自己的理解,那就是:聚一批有情怀的人,做一些有意义的事儿,留一点暖心的记忆,当你转身回望的时候你会发现,这里的一砖一瓦,一步一景,全是故事,都是回忆。(赵亮)

三、三年周转站——文化积淀·文化躬行·文化创生

集团化办学之路上,南上山教育集团以独具特色的校区文化体系构建,很好地破解了集团各校区共性与个性的问题,实现了各校区的整合发展,呈现出各美其美的良好发展态势。

作为一名南上山人,我无比骄傲和自豪,更让我为之振奋的是我能够作为一名文化的积淀者、践行者、创生者参与到文化传承的各个环节中。五年的集团化办学之路,我先后转站三个校区,经历了总校成长、泉海骨干带动、泉欣担当重任的历程,由一名基层的年轻教师逐渐成长为能够独当一面的中层管理者。

(一)文化积淀——积蓄品牌培育的成长能量

说起来,我与南上山有着不解之缘,实习时就被学校人文化的管理和系统的文化构建所吸引。进入南上山,在学校的引领下多次对办学理念、校训学风、教师精神进行解读与践行,加上学校对新教师的文化浸润与培养,更让我深刻感受到文化立校、内蕴提升的价值和意义。师徒结对、专家引领,让我在入职初得到了专业素养的积淀;科研带动、团队共进,我有幸加入"蕴思"学研社和区"新知"学研共同体,得到了科研思想的积淀;搭建平台,外出学习,又让我能够在多地培训、各类比赛和团队担当中,得到整体素养的提升。积淀

期的萌芽生长,在我的内心烙印下南上山人扎实稳健、不羁追求的文化精神,这些都依赖于学校文化的浸染和如"快车道提升"般机制的保障。

(二)文化躬行——点燃自带动能的成长引擎

2015 年,在泉海建校的第三年,当接到交流任务之初,我只觉偏远与安静,自然地认为工作会相对轻松。但当我作为教学组织管理和教科研负责人真正走入其中时,却有了更多别样的感受。泉海分校虽地处南部,但在集团的引领下,仅两年已形成了较为完善的"尚水"文化体系。在集团质量标准的建设中,各项活动开展得丰富多彩,每月一期的集团简报中呈现了一个个精彩的瞬间。当然,也面临师资上快速扩容造成新进教师比例大和学生生源和家长的需求关注点与总校有所不同两大问题。为此,集团内多次论证,统一谋划,逐个攻破。将大量骨干教师派往泉海进行交流,实现了辐射带动;集团内每月一督导制度,使教师规范化教学;集团领导跟进课堂,全面敦促提升。我也在这样的困难中,寻求突破。每学期听课百余节,进行几万字的随笔记录,跟新教师备课磨课,加班更是家常便饭。在领导的支持指导下建立快乐学习吧、休闲读书吧,梳理并借助导师团引领下的教师发展培训"七步曲",与新教师团结共进、成长迅速。集团领导常戏说:"我们的交流教师都是自带发动机,不用扬鞭自奋蹄。"

集团是校区发展的强大后盾,也是推动优质均衡的助推器。领导的信任和关怀、骨干交流教师的辐射带动又给新教师的发展加上了引擎。自带动能的文化传承中,每个南上山人都烙印下"责任"的文化烙印。

(三)文化创生——实现凝心聚力的共生共长

当我沉浸在对泉海教学的几年规划和畅想中时,又接到去第二所分校泉欣小学创业的消息。2016 年暑假,面对还是工地的泉欣,半个多月的锻炼打卡记录下每晚必做的"一项锻炼"——跑步到泉欣"视察"情况。今天开工了、今天试电了、今天路平了……每一点小小的变化都牵动着我的心。在集团王校长的带领下,我也早早投入到对学校文化的思考中。为了谋划第一次开学典礼,借力泉海校区共同商讨、筹划论证,最终才有了精彩的呈现。终于,在区教育局和集团领导的统筹安排下、在集团各校区的全力支持和帮助下,泉欣小学顺利开学。我也开启了携手17位教师7个班近300名学生的创业之路。

2017 年寒假是令我难以忘怀的日子。在经过了一个学期的思考和积淀后,集团领导和部分教师在简朴整洁的办公室里共聚一堂,热火朝天地对学校文化体系进行了碰撞和梳理。经过几天的论证,在大家的群策群力下,在绞尽脑汁内化梳理后,泉欣小学涵盖管理、德育、课堂、课程、教师精神、育人目标等全方位的"水清木华"文化体系应运而生。当新学期,以"让每一片叶子独特风华"的教育理念为主题的开学典礼上,孩子们兴高采烈地头顶自制叶子帽阳光大笑时,当校园文化因为有了文化味道而熠熠生辉时,当老师们工作中有了明确的目标和方向时,我深感文化的魅力。

学校文化体系的宏观架构让工作有了明确的目标和方向,在工作落实中,探寻文化落地的支点,借助集团其他校区的经验,在校长的带领下,我们又为新教师定制"欣星训练营"培训计划;为青年教师建立"欣叶书友会"阅读书吧;倡导各学科组建"欣研"课程研究共同体;为老师们建立"欣动俱乐部"健身活动时间……形成了凝心聚力的实干团队。现在的泉欣已成为南上山的另一颗闪耀新星,两年的时间,泉欣这所学校得到家长的高度认可,印证着集团化办学的良好效益。

三年周转站,让我对集团化办学又有了新的认识,对南上山教育集团又有了更强的文化自信。文化是什么?是一个学校发展的"魂",更是集团发展的血脉。当每一个走过南上山的老师,都能够在文化浸染后转站,将教育的理想、信念、责任、担当烙印在心中时,集团化办学的优质均衡发展还会远吗?(高招娣)

四、两年新蝶变——蝶变・凌翔

在你之前,我是茧;在你之后,我是蝶。
—— 题记

开学前一周,那张平日里看来轻薄的教师岗位安排表,此时在于泉校长手中却沉甸甸的,旁边的赵亮主任也反复用笔在新教师名字下写了又改,改了又写……

"新教师刚入职,既要熟悉业务,又要迎接新生入学,对我们这样'名校＋新校'成长起来的分校,一年级最好不安排新教师!"

"可是已经没法调动了，二年级要保证班主任的相对稳定，四位新教师已经是上线了。

"是啊，三年级更年轻，除了彭倩一位老骨干，教课同时还要兼任教学管理，张瑞工作刚满 2 年，剩下五位全是新教师。

"因为今年新建泉欣小学，总校的骨干交流更要向泉欣倾斜。"

这是我记忆中最清晰而又最难忘的一刻——2016 年 8 月，南上山教育集团第一所分校泉海小学在经历集团化办学第 4 年时，遇到了前所未有的师资配备年轻化的瓶颈。因为在这一年中，集团的不断壮大又催生着第二所分校泉欣小学的落成。这样的形式就意味着龙头校的"输血"已经远远不可能满足于迅速发展与崛起中的各分校，各分校要由依托总校输血向自身造血转变，同时，成熟分校还要向新建分校输血，师资配备年轻化成为瓶颈。同样的难题层出不穷，分校中层的选拔，总校骨干的稀释，管理机制如何移植……然而，集团理事王红林校长注定是一位有着教育敏感与教育视野的领导者，她运筹帷幄，合理布局，知人善用，静待花开。王校长派遣年龄只有 29 岁的高招娣副主任总负责泉欣小学创业，派遣年轻的王鑫老师担任泉欣小学总务、德育双重重任，老骨干彭倩老师委以泉海 31 个班的语文管理，启用工作仅 5 年的赵蕾分管人事与数学，起用年轻的王彬担任大队辅导员，总校的品牌学科语文交由音乐转行的年轻教师郝涛负责……是啊，鹰击长空，鱼翔浅底，万类霜天竞自由！就让这些老师在集团化办学的教育历史洪流中摔打历练，去挑起一个个重担，攻下一个个难关，破解一串串问题，徜徉在集团化办学的时空里，也许他们会绽放从未有过的绚烂与美丽。

《孟子告子》有云：天将降大任于斯人也，必先苦其心志，劳其筋骨，饿其体肤，空乏其身，行拂乱其所为也，所以动心忍性，增益其所不能。从此，像我一样的许多教师，把责任与担当、开拓与创新用鲜亮的笔触涂抹在集团化办学那流光溢彩的画卷中。

（一）课程研究，切磋琢磨

总校集团投入大量经费用于教师成长的专业化培训，仅 5 年时间，外出学习人员达到百余人次。上海集团化办学之行打开了我丰厚的集团化办学大视野；北京清华附小的"1+X"主题阅读课程奠定了我"开发学校拓展性学习课程"的新思路；合肥品质课程峰会让我对课程架构体系有了进一步的深入思考……回到学校,我便带领语文团队开发了传统文化"寻根"课程:开展了"声动泉海"读书月活动及泉海小学首届诗词达人赛活动,得到教科室及语文办领导的肯定。所开发的泉海小学"快乐五次方"零起点课程,在全区大会上进行汇报发言。所开发的"缤纷泉海,水漾年华"国际文化认同与传统文化体验课程受到学生及家长的好评。在集团化办学中,我的课程开发能力与研究能力得以提升与成长,同时学校的课程建设也在一步步走向规范与特色!

(二)团队建设,华彩纷呈

学校领导给机会、给平台的同时,也给我带来了对于如何打造一支泉海学校年轻教师梯队化发展的一系列思索。记得苏霍姆林斯基曾说:"志向只有靠志向去培养,才干只有靠才干去培养,能力只有靠能力去培养。"[1]是的,教师专业发展的最高境界应该是管理者与被培训者共同进步,和谐共生,与此同时实现自我与团队的双向成长。我就是这样一位与41位新教师共同成长起来的新的中层管理者。我将梯队培训与私人定制性培训相结合,每学期下来,大大小小的新教师培训不下十余次。一学期下来坚持听新教师入门课、精磨课、展示课、过关课、交流课100余节,坚持深入有5位新教师,1位工作只有2年多的年轻老师的三年级教研组蹲点听课。儿子经常打趣地说:"月亮姐姐出来了,妈妈就回家了!"在泉海,我开设的"悦水"工作室的读书论坛开启全区小学语文"好书品鉴"读书活动第一站,并受到好评。"尚学研究"团队的曹青青老师的《论语》课程,王莉芳老师的"整本书阅读"课程,作为课程建设的典型在全区进行推选。

不到2年的努力,泉海这支年轻的语文教研组被评为区优秀教研组,8位语文教师获得全国、省、市、区语文优质课一等奖。2位老师获得省语文素养大赛一等奖,2位老师获得区语文新苗教师,10位老师获得新苗课一等奖……同时,我也被评为区优秀教师、区优秀交流教师,由一位普通的老师,成长为一名业务管理者。

也许正是这一步一个脚印的研究、实践、反思,也许正是一步一个脚印的

---

[1] 课堂教学留给学生什么【EB/OL】. 中国论文网, https://www.xubu.com/9/view-9252951.htm.

求知、求索、求变,实现着我与新教师的双向转变与跨越。未来的 3.0 时代的集团化办学,一定强调的是教育集团内部的共生性,外部的行政力量一定离不开内驱力。学校内在活动、生命力提高,教育质量才能提高,教育公平才能实现。

是的,在集团化办学之前,我如一只萌动的茧,在总校的滋养下丰满着未来的羽翼;随着集团化办学的生长,我渐为蝶,在集团化办学的广阔原野上凌空翱翔!（彭倩）

五、一年邂逅——最奇妙的遇见

2013 年,作为集团化办学走出去的第一批交流教师,我来到了南城的九曲小学,至今还记得门口那一洼地,来上班的第一天正好下雨,泥水铺满了校门口的道路,走进九曲小学的大门,我遇见了一个个朴实纯真的笑脸。

但是和这些纯真的孩子接触了几天,我就发现了其中隐藏的问题,课堂上互动少、作业完成质量高的少、平日里读书少、传统文化积淀少……而这一切问题就在一次常规的背诵检查中得到启发,迎刃而解。在学习毛泽东的《卜算子·咏梅》时,学生的一次失误,带给了我惊喜。一个男生起来背诵,结果把"风雨送春归,飞雪迎春到。"背成了"风雨送春归,春风送春雪",只听全班同学一阵哈哈大笑,这个男生茫然了。我没有制止同学们的笑声,而是表扬了这名会创作的男生,"你创作了一首新诗,真了不起。"同学们的笑声戛然而止,我转身把这句话写到了黑板上,"同学们,我们一起来创作这首诗吧!"大家开始了你一言我一语的凑字,学生的兴趣变得极高,同学们斟酌着每一个字的含义,我作为他们的记录者,在黑板上一遍遍修改着,最后同学们还一起为班级起了一个带着灵气的笔名,叫作"九灵"。就这样,经过反复地推敲最终创作了班内的第一首诗。

迎　春

九灵

春风送春雨,润地万物生。

盛开百日花,梅落总是情。

读着这首诗，每一个孩子脸上都露着灿烂的笑容，抓紧把诗记在书本中，同学们心里美美地说着，"写诗原来那么有意思！""而且没有想象中那么难啊！"我鼓励大家去观察生活中的事物，留心身边的景致，后来他们还创作了《致线杆》等多首小诗，不经意间就成了一位位小诗人。这不经意的一次失误，成了我在九曲最奇妙的遇见。

也许除了书中学过的古诗之外，这些纯真的孩童，并没有读过更多的诗词，但是几千年流传下来的古诗词正是我国优秀传统文化中的精华，就在我刚刚开启这场奇妙邂逅的时候，集团领导来到九曲小学开展集团教研活动，将九曲确定为"雅"文化的校本研究内容，并且将集团总校的《古风词韵》优秀古诗词传颂读本带到了九曲小学，让九曲学生共享校本教研成果。就这样，早晨我和学生们一起诵读古诗，开启一天的诗词佳话，课上我们进行古诗词的二度创作，共同描绘"水绕陂田竹绕篱，榆钱落尽槿花稀"的田园意境，共同感受"故人具鸡黍，邀我至田家"的热情好客，共同观赏"雨里鸡鸣一两家，竹溪村路板桥斜"的乡村美景，共同向往"采菊东篱下，悠然见南山"的美好生活。

更加奇妙的遇见，就是我在九曲小学发挥自己的特长，组建了合唱团，《读唐诗》《春晓》等朗朗上口传唱度很高的儿童歌曲，走进了孩子们的童年，集团领导在得知这一消息后，大力支持合唱团活动，并且第一时间安排制作演出服装，在教育办举行的合唱选拔活动中，合唱团表现突出，有幸被推送到济南市合唱节展演活动中，这是九曲小学第一次参加济南市合唱展演。

就这样诗词一步步走进了学生们的精神世界，随即而来的就是课堂活跃了，作业完成质量提高了，阅读量大幅增加，文化积淀增厚了……孩子们也慢慢地透露出来那种"腹有诗书气自华"的自信。如果说通过集团化交流，我遇见了最纯真的他们，那么通过集团化教研，我遇见了自己的课程，在带领学生进行古诗诵读积累的这一年里，不知不觉中也孕育着自己的专属课程，回到总校，我第一时间构建了"诗语新说"课程，结合《课标》中推荐的75首优秀古诗词内容，又选择了125首优秀古诗词，形成了200首古诗背诵条目，带领学生进行更多的古诗词积累和创作。

在九曲交流的这一年中，我用手中的笔和日记本，记录着与学生度过的每一天，当今天再次翻开日记本，我依然感受往事在眼前，集团化办学为我们提供了遇见更多生命的可能性,他们不一样,但是他们都很棒;集团化办学为我们提供了遇见全新自己的包容性,我们或许曾经会迷茫,而今背负着使命;集团化办学为我们提供了遇见公平教育的实效性,那时不一样,但此时已同行。(郝涛)

第三节　南风送暖——专家视角

相遇济南市南上山街小学

——江苏省泰州市姜堰区教育局林忠玲

　　市中区的深度学习国际论坛首日下午,我们参观了南上山街小学。本以为天下好学校只是建筑风格、文化特色不同,其他皆大同小异。然而,当我从这所学校走过后,还是被"震"到了。

　　南上山街小学,一所有着90多年办学历史的学校,地盘不大,校本部办学规模也比较小。然而,这所地处老城区的小学校,却在螺蛳壳里做成了大道场。他们以"培养承接民族传统的现代中国人"为追求,将"人文精神"与"科学精神"相融合,依托"走进民俗文比"的校本课程研发,设置了80多门自选课程,形成了"整合式素养课程体系"架构。该校仅30多个班的办学规模,却供给了如此众多的课程,真的令人惊叹。他们用丰富的课程,保存儿童发展的各种可能性,为每个孩子过一段幸福完整的生活营造了多维度的空间。

　　课程建设的水平是衡量一所学校办学品位的最重要标尺,可以说有什么样的课程图谱,就有什么样的师生行走方式,课程领导力是校长领导力的核心。触摸南上山街小学的课程架构,我们可以发现其课程设置的丰富性、适合性、趣味性。民族精神、非遗切口、艺术魅力,是这所学校课程独特的基因。用这样的课程图谱浸润童年,学校"培养承接民族传统的现代中国人"的文化便活生生地立了起来,儿童生活便被活泼泼地照亮了。

　　据说,这所学校过去"貌不惊人",如今因课程创生而名声大振,并已成为集团龙头校,正在孵化新的市中名校。在市中教育的宣传画册中有这样一句读来令人心热的话:为了每一个,关注百分百。我想南上山街小学用卓越的办学实践,很好地印证了市中教育的追求。

共享智慧，众筹成功

摘自济南市市中区集团化办学的实践探索与教育品质

陶继新

打破校际堡垒，实现资源共享

老子说："天之道，损有余而补不足。"当一些资源丰厚的名校从全国各地千方百计地"引进"人才的时候，济南市市中区却反其道而行之，将优质学校的名师持续不断地输送到了薄弱学校。这不但遵循了天道，而且也有了人道。因为《周易》早就说了："立人之道，曰仁与义。"由此，集团化办学便内含了仁爱精神与"义以为上"的品质。

南上山教育集团教师交流输出可谓不惜血本，先后派出首席教师 2 人，教学能手 12 人，骨干教师 30 余人参与定向交流，三年来，近 50% 的教师参与了集团交流工作。

集团注重发挥交流教师专业力量的作用，通过跨校授课、开放课堂、送课入校等形式，让他们的"精品课例"在 3 个校区共享，实现优质教育资源利用最大化。集团交流平台的研究与学习带给教师的是全新的感受，通过骨干带动，不仅培养了青年教师，而且锻炼了骨干教师，从而实现了教师一起发展的共赢目的，学校也有了更好发展的潜质。参与首批集团交流工作的赵蕾老师，在泉海小学担任数学学科教师的同时，还担任芭蕾社团的辅导老师。正是因这样一种身份的转变，赵老师有机会放下数学老师严肃的架子，在社团活动中得到了极大的放松和满足。让走进芭蕾社团的孩子去了解芭蕾、体验芭蕾、热爱芭蕾;让孩子们享受到更加有趣又专业的训练;让拥有舞蹈梦的孩子去实现她们的梦想,这也成了她的梦想的另一种延续。赵老师在待海交流一待就是 3 年,在见证这所学校在点点滴滴的变化中,她自己也逐渐成长、壮大起来。

以前由于专业老师不足,音体美课程在九曲小学这个农村小学难以开设,甚至近乎走到了有名无实的边缘。而集团化办学之后,总校的专职教师走了进来,不但开全开齐了音体美课程,而且开到了孩子们的心里。他们欢呼雀跃,不只是感到新鲜,而且热情持续高涨,取得了理想的成绩。与此同时,泉海小学的专用室和学生社团全部向九曲小学学生开放,两个小学的孩子同在一个社团活动。南上山街小学还帮助九曲小学组建合唱队,经过艰苦的训练,这些此前在音乐课上未接受过专业声乐训练的学生,首次在市中区合唱节获得合唱比赛一等奖,并使九曲小学成为代表市中区参加济南市合唱比赛的唯一一所乡镇学校,而且获得了一等奖。

孩子喜欢音体美课程,几乎是天性使然,这不但可以留住童年的美好回忆,还会让他们充满生命的灵动。符号论美学家苏珊·朗格在《情感与形式》中谈到,艺术是人类情感符号的创造,"它展现的是人类普遍的经验、情感和内心生活的动态过程,即艺术是一种生命形式"。正因如此,这种心灵状态,不只会让他们在当下感到快乐与幸福,还会在未来的生命中延续。从这个意义上说,课程资源共享,还为农村的孩子的未来幸福注入了生命的能量。

王红林校长对笔者说,师资共享还有一种隐性的共享,那就是不同学校里不同教师内涵的敬业精神与仁爱情怀,在集团中无声无形地流转,自然而然地生成巨大的生命能量。这种能量的不断聚合与升华,则形成一种更高层次的学校精神文化。

其实,优质学校与薄弱学校之间的差异,更多体现在师资的不均衡上。集团化办学,实现了教师作为最重要教育资源的共享交流,让名师不再固化在某一学校里,而是天经地义地走到了其他薄弱学校里,不断融合新教育信息,形成了新的理念,发展了教学能力,并以最终形成学校的全员智力为其基本立场,使教育资源"活起来",开创了其具有再生意义的教育教学模式。

融合学校文化，催生各美其美

人类学研究曾提出，文化是人创造的意义，但它也可以创造人的意义。具有主体意识与创造精神的人，在构建学校文化中起着至关重要的作用；而优质学校文化一旦形成，又会在有形与无形中具备了以文"化"人的功能，并由此彰显出学校发展的巨大生命能量。当与其他学校组建成教育集团的时候，这种文化的输出与传播，往往能产生较大的影响。如何在让优质文化推而广之，又让原本薄弱学校固有的文化不失其光华？为解决这个问题，各个教育集团之中，就有了"和而不同"和百花齐放的万千风景。

南上山教育集团是由南上山、泉海、泉欣、九曲、济大附小五所学校组成的教育团队，如何形成优质的集团文化，又不失各个学校的文化特色，理事长王红林提出了"整合发展，共融共进，各美其美"的发展理念。四年来，在她的带领下，集团文化已经从文化共融走向了个性发展。

王红林认为，整合是集团的核心思想，是磐石铺底；融合则是方法论的本质，是钢铁铸身。只有作为精神文化重要元素的理念的融合，才能形成集团共同的价值追求，并生成各个学校具有个性特征的文化。作为名校，南上山街小学结合"培养承接民族传统的现代中国人"的办学理念，以"民族底色"和"现代素养"为两翼，培养学生形成具有民族血脉的现代素养。这一理念在向其他校区移植与辐射。可以看出，它的传播一方面升华了各个校区的办学理念，另一方面则为各个校区形成自己的特色打好文化底色，从而让一校一品摇曳出异彩纷呈的文化风景。

据泉海小学执行校长于泉讲，"泉海"二字内涵十分丰富，泉是源头，可以寓意为民族的传统；海是远流，让人联想到国际视野。学校便以"中国情怀，国际视野"为办学理念，结合泉海与"水"结缘的特点，构建起"尚水文化"体系，打造了"亲泉致海"课程，引领学生从"国家公民"走向"世界公民"。于是，它既有了南上山街小学优秀文化的特质，又凸现出自己学校的个性和精神风貌。

泉欣小学进入南山教育集团只有半年时间,可是,在文化融合与构建上,既可以说是相锲而进,又显见出独自的特色。据高招娣主任讲,老师们特别欣赏陶渊明《归去来兮辞》的诗句:"木欣欣以向荣,泉涓涓而始流。"它不只因为有"泉""欣"两个与校名相关的字词,还因为"泉"来自民族文化的浸润传承,而且内化成了校区的情感纽带。"欣"寓意生长,且内含着生机盎然的春意。于是,就构建起了"水清木华"的独特文化体系,以此来引导老师们在教育实践中,更加关注教育的本源和生长本身。

一暖,而千暖。集团化办学已经成为教育改革的早春里的另一种"金黄"。还原生命的本色,从鲜活的实践中可以发现:在四年的奋争中,市中区的所有教育人,都是为心求"道",为心守望,为心承受,为心育心;同时,他们也都实现了精神的升华与生命的超越。

可见,有思路,就一定有出路;有"大地",就一定播种出丰硕的收获!

(原载于《中国教育报》,2017年6月24日,第4版;见报时内容有压缩。)